Fundamentos de la detención policial en España

Javier Jiménez Delgado

Fundamentos de la detención policial en España

Autor: Javier Jiménez Delgado, guardia civil licenciado en c.c. matemáticas.

© Fundamentos de la detención policial en España
©Javier Jiménez Delgado

Editado por Bubok Publishing S.L. equipo@bubok.com
Registro de la propiedad intelectual nº 14 / 2025 / 452
ISBN 978-84-685-9328-9

Tel: 912904490
Paseo de las Delicias, 23
28045 Madrid

Dedicatoria.

A mis hijos Javier y Cristina, a mi mujer, a mis padres, a mis hermanos Juan Carlos y David Fernando, y a mis amigos.

Por los gratos momentos entre los compañeros que nos hacen sobrellevar mejor los ratos más difíciles. Son bastantes compañeros para mencionarlos aquí, aquellos que me han apreciado como un amigo y a los que yo espero haber correspondido, un abrazo a todos ellos.

Al Excmo. Sr… que de manera particular quiso revisar este trabajo, gracias por su tiempo y su reconocimiento.

Preámbulo.

El autor se pregunta cómo motivar la lectura de este trabajo, así que expone cuál ha sido su motivación. Desmenuzar y desentrañar al completo el conjunto de artículos relacionados con las actuaciones policiales, que se encuentran dispersos tanto en sus propias leyes como en otras diferentes, acompañándolos de instrucciones y sentencias oportunas para cada caso, para luego aclarar y conjuntar sus relaciones. Se sintetizan tres breves esquemas, con interés práctico, espera el autor. Después de décadas como Guardia Civil debía intentarlo. Por lo tanto la intención es hacer un recorrido global de forma jerárquica según las leyes, pero tocando constantemente el mundo real, in situ, aportando de esta manera un visión más entera a la puesta en práctica de la detención policial, aquella situación en la que se descarga el peso de la ley sin que ninguno de sus actores inmediatos o posteriores la perciba claramente al completo.

Para ello el autor propone este trabajo como un ejercicio mental previo, necesario por tratarse de cuestiones legales abstractas, para que el descenso a las situaciones reales se haga más fácil si cabe. Se han seleccionado especialmente los puntos a tratar y la secuencia en la que aparecen, para que resulte imperceptible el paso de uno a otro, esperando que le resulte natural al lector. Este camino persigue tres cosas, una es evitar sobreentender los motivos de la detención, otra es evitar confundir los significados concretos que las palabras tienen en el marco legal con el que tienen en la vida común (diccionario del español jurídico DEJ, del panhispánico del español jurídico DPEJ, del jurídico elemental, conceptos jurídicos, etc), estas dos cree el autor que son útiles para ayudar a realizar las exposiciones de hechos. Y la tercera, y la más importante, es apuntalar significativamente las claves legales de las actuaciones policiales.

Este trabajo no es un texto de comentarios particulares, se relacionan los conceptos según lo que dictan las leyes, por esta razón se ponen entre paréntesis los artículos, leyes, sentencias e instrucciones consultadas, para que el lector pueda comprobar la veracidad de lo escrito y en su caso completar o incluso corregir. Lo que los une es la actuación policial, visto como la preparación del proceso penal. Solamente incluyo un comentario particular (3.2.a)), en forma de argumento, sobre el uso de la fuerza, algo frecuente en el trabajo policial pero muy escasamente tratado en el sistema legal, de puntillas y en abstracto. Se analiza una confrontación de los tipos de riesgo (6), relacionados con los esquemas 1 y 2 (ver 5) sobre los requisitos que obligan a detener.

Finalmente acompañan a este pormenorizado y esmerado análisis aspectos importantes de otros puntos relevantes alrededor de la detención policial, la particularidad de los delitos que se cometen en el ámbito doméstico (7); la detención de menores (8); los criterios para la actuación policial en los delitos de allanamiento de morada (9); el habeas corpus (10), la seguridad ciudadana junto a la última instrucción de la Secretaría de Estado de Seguridad (SES) sobre el comportamiento policial en las detenciones (11).

Sumario.

Glosario de abreviaturas.

ATC y ATS. Auto del Tribunal Constitucional y Supremo respectivamente.

CC. Código Civil.

CEDH. Convenio europeo de derechos humanos.

CE. Constitución Española de 1978.

CP. Código penal español Ley Orgánica 10/1995 de 23 de noviembre.

DEJ y DPEJ. Diccionario español jurídico y panhispánico jurídico.

FFCCSS, FCSE. Fuerzas y cuerpos de seguridad del estado.

FGE. Fiscalía General del Estado.

LEC y LECrim. Ley de enjuiciamiento civil y criminal respectivamente.

LO o Ley Org. Ley Orgánica.

LRPHC o LPHC. Ley reguladora del procedimiento de Habeas Corpus.

RPHC. Ley reguladora del procedimiento de Habeas Corpus.

SC. Seguridad ciudadana.

SES. Secretaría de estado de seguridad.

STC y STS. Sentencia del Tribunal Constitucional y del Supremo respectivamente.

UE. Unión europea.

Sección 1.

> ## 1. Jerarquía de las leyes.

La base de nuestra sociedad es la Constitución Española de 1978 (CE). Nace con la intención de otorgar a todos sus ciudadanos un marco legal de vida y unas garantías de progreso "...la libertad, la justicia, la igualdad y el pluralismo político." (art. 1.1 CE). El poder de la CE no emerge de los poderes del Estado ni de ninguna ley en particular, "La soberanía nacional reside en el pueblo español, del que emanan los poderes del Estado." (art. 1.2 CE). Si no hay orden no hay ley y si no hay ley no hay orden, es una frase bien extendida y estudiada en el mundo, viene a decir que el marco legal de convivencia debe ser igualitario para ser justo y crear un orden social, y que este orden social necesita protección porque sin él no prevalece la ley. En España esta protección se encomienda de una forma genérica a las Fuerzas Armadas "...defender su integridad territorial y el ordenamiento constitucional" (art. 8 CE) y de forma muy específica a las Fuerzas y Cuerpos de Seguridad, que es lo que se expone a continuación.

> ## 1.1. Derechos y libertades fundamentales, FFCCSS y policía judicial.

La Constitución Española establece los derechos y deberes fundamentales de todas las personas nacionales y extranjeras que se encuentren en nuestro país (arts. 10, 13, 15 y 16 CE). En concreto dice que "Toda persona tiene derecho a la libertad y la seguridad" (art. 17.1 CE) y que es misión de las Fuerzas y Cuerpos de Seguridad "... proteger el libre ejercicio de los derechos y libertades y garantizar la seguridad ciudadana." a la vez que ampara el desarrollo de una ley orgánica que determinará "...las funciones, principios básicos de actuación y estatutos de las Fuerzas y Cuerpos de Seguridad" (arts. 104.1 y 104.2 CE), denominada Ley Orgánica 2/1986 de 13 marzo de Fuerzas y Cuerpos de Seguridad (FFCCSS; 1.3).

En la misma línea la CE establece los cometidos de la policía judicial "La policía judicial depende de los Jueces, de los Tribunales y del Ministerio Fiscal en sus funciones de averiguación del delito y descubrimiento y aseguramiento del delincuente, en los términos que la ley establezca." (art. 126 CE). La Ley de Enjuiciamiento Criminal (LECrim) indica en sentido genérico quiénes forman parte de la policía judicial en la que están incluidas las FFCCSS (art. 283.4 LECrim), y a ellos se refiere a lo largo del texto con distintos nombres, como funcionarios o agentes de la policía judicial, agentes de la autoridad o de policía, o simplemente agentes o policía judicial (arts. 282; 283; 284 y ss; 492 y ss; 717 y otros; índice analítico de LECrim). Cada uno de los artículos trata diferentes aspectos de las actuaciones de la policía judicial en sentido genérico. Mientras que la Ley Org. 2/1986 FFCCSS regula las unidades específicas de policía judicial "...a las que corresponderá esta función con carácter permanente y especial." (cap V "De la organización de Unidades de Policía Judicial.", véase artículo 30.1, ley Org. 2/1986 FFCCSS).

➢ **1.2.** Privación de la libertad y detenciones ilegales.

La Constitución Española establece que "Nadie puede ser privado de su libertad sino con la observancia de lo establecido en este artículo y en los casos y en la forma previstos en la ley" (art. 17.1 CE). Estos casos se contemplan en la Ley de Enjuiciamiento Criminal (arts. 490-492 LECrim) sobre los delitos descritos en el Código Penal (arts. 1.1 y 10 del CP) y el delito de contrabando tipificado en la Ley Orgánica 12/1995 de 12 de diciembre de Represión del Contrabando (arts. 2 y 3 Ley Orgánica de Represión del Contrabando). Así mismo la CE ampara una ley que regule el procedimiento denominado «habeas corpus» sobre las detenciones ilegales (art. 17.4 CE). Esta es la Ley Orgánica 6/1984 reguladora del procedimiento de Habeas Corpus (10).

➢ **1.3.** Los principios básicos de las FFCCSS y del proceso penal.

A tenor de la Constitución Española (1.1), la Ley Orgánica 2/1986 de FFCCSS detalla varios principios de la actuación policial, entre los que destacan dos por hacer referencia directa a lo prescrito. Estos son, "...la investigación de los delitos para descubrir y detener a los presuntos culpables…", "el auxilio y protección de las personas y sus bienes…" (arts. once 1.g) y once 1.b) Ley Org. 2/1986 FFCCSS), así como "Prevenir la comisión de actos delictivos." (art. once 1.f) Ley Org. 2/1986 de FFCCSS). También en línea con la CE, la LECrim atribuye como objeto específico de la Policía Judicial "...averiguar los delitos públicos, …diligencias necesarias para comprobarlos y descubrir a los delincuentes, …recoger efectos… , …determinar ...qué medidas de protección…" (art.282 LECrim). Se puntualiza de nuevo que las FFCCSS son parte de la policía judicial (art. 283.cuarto LECrim) en un sentido genérico (1.1).

De una forma más profunda la LECrim apuntala el cimiento de las actuaciones penales, y por ende policiales, "De todo delito o falta nace acción penal para el castigo del culpable, y puede nacer también acción civil para la restitución de la cosa, reparación del daño y la indemnización de perjuicios…" (art. 100 LECrim), a lo que se añade el derecho a la defensa de la persona inculpada de un hecho punible, esté detenida o no (art. 118.1 LECrim; 5 y 5.4).

➢ **1.4.** Obligación de denunciar, ofrecimientos de acciones, deberes y derechos.

Para los ciudadanos existe la obligación de denunciar cualquier delito público (ver 2.2), tanto si lo presencia como si tiene conocimiento por otros medios de su perpetración (arts.259 y 264 LECrim), con las excepciones indicadas (arts. 260, 261 y 263 LECrim). Por el contrario no adquiere la responsabilidad de probar lo denunciado "deberá denunciarlo...sin que se entienda obligado…a probar los hechos denunciados ni a formalizar querella." (art.264 LECrim). En todo caso "El denunciador no contraerá…otra responsabilidad que la correspondiente a los delitos que hubiese cometido por medio de la denuncia, o con su ocasión." (art.264 LECrim). Estos delitos son los de pronunciar acusaciones falsas, realizar denuncias falsas, simular un delito provocando actuaciones procesales y faltar a la verdad (arts. 456.1, 457 y 458 CP). Tanto si la denuncia es escrita como verbal "...harán constar por…medios que reputen suficientes, la identidad de la persona del denunciador." y "Si éste lo exigiere, le darán un resguardo de haber formalizado la denuncia." (art. 268 LECrim).

Detenido o investigado no detenido. Víctima u ofendido/perjudicado. Y testigos (ver conceptos jurídicos). La LECrim expone los derechos de los cuales deben ser informados por escrito tanto el detenido (art. 520.2 LECrim), como el investigado no detenido (art.771.2ª LECrim), como la víctima o el perjudicado (art.771.1ª LECrim; arts. 4, 5 y 6 Ley 4/2015 Estatuto de la víctima del delito). En el caso de ser víctimas en el ámbito de la violencia de género (7) se le informa de los derechos que le asisten (Ley Org. 1/2004 de 28 de diciembre), y si son víctimas de delitos violentos o sexuales se les informa de las ayudas que les pertenecen (Ley 35/1995, de 11 de diciembre, de ayudas y asistencia a las víctimas de delitos violentos y contra la libertad sexual). Información que se debe prestar a las víctimas como incide la LECrim (art.282 LECrim).

Sobre los testigos en sede judicial la LECrim dice que "Todos ... tendrán obligación de concurrir al llamamiento judicial para declarar cuanto supieren sobre lo que les fuere preguntado..." y que una vez se presenten a declarar en sede Judicial "...prestarán juramento o promesa de decir todo lo que supieren respecto a lo que les fuere preguntado ... de la obligación que tienen de ser veraces y de la posibilidad de incurrir en un delito de falso testimonio en causa criminal.", incluyendo a "Los testigos que, de acuerdo con...el Estatuto de la Víctima del Delito, tengan la condición de víctimas del delito" (arts.410 y 433 LECrim). Por contra, la LECrim no menciona nada sobre la actuación de los testigos en sede policial, se estipula más bien su careo en sede judicial (cap. VI, título V, Libro II LECrim) así como su examen en el acto del juicio oral (sección 2ª, cap. III, título III, Libro III LECrim; 2.1.d)). Puede el lector ojear los principios de contradicción e inmediación acerca de las pruebas en el proceso penal (DPEJ y conceptos jurídicos).

➢ **2. El atestado policial y la tipología de los delitos.**

La calificación policial del delito relaciona ambas partes, pero ¿es necesaria?. La Circular 3/2008 FGE, de 1 de junio, clarifica esta cuestión "La información sobre los hechos incluye su calificación jurídica provisional. Como indica el Tribunal Supremo, la información de los hechos que motivan la detención será un requisito sine qua non para el ejercicio del derecho de defensa..." (STS nº 61/2011, de 17 de febrero). En este sentido, la Unión Europea dispone que los Estados miembros garantizarán que la persona detenida o investigada sea informada de los motivos de su detención incluida la infracción penal (art. 6.2 Directiva 2012/13/UE).

Y en el mismo sentido hace referencia el Comité Técnico de Policía Judicial (punto 3, apartado g).4 del acuerdo de 24 de febrero de 2016 sobre Orientaciones para la práctica de diligencias de la Policía Judicial) que fija como contenido mínimo de la información policial que ha de facilitarse a los detenidos, el lugar, la fecha y la hora de la detención y de la comisión del delito, además de la identificación del hecho delictivo, y los indicios de los que se deduce su participación. Por último se añade una de las conclusiones de la FGE "La concreción de los elementos esenciales de las actuaciones debe efectuarse en cada caso, en atención a las circunstancias concurrentes" (conclusión 15.5ª Circular FGE 3/2018 de 1 de junio).

Acerca del contenido de las diligencias, la SES establece que "...las exposiciones contenidas en los atestados tratarán de recoger todos aquellos hechos objetivos que evidencien la realidad, sin...valoraciones...criterios subjetivos y cuestiones irrelevantes para el proceso penal", "...se procurará hacer una detallada y minuciosa descripción fáctica que evidencie la realidad..." (apartado primero Instrucción nº 7/1997, 12 de mayo, SES, sobre elaboración de atestados). La STS 2251/2014, 13 mayo, dice que "...el atestado no es el lugar adecuado para que el agente instructor deslice valoraciones personales acerca de la fundamentación de la denuncia, su viabilidad o el crédito que merezca el denunciante. Al hacerlo, desborda el espacio funcional...".

➤ **2.1.** El atestado policial.

La LECrim expresa que "Los funcionarios de Policía judicial extenderán, bien en papel sellado, bien en papel común, un atestado de las diligencias que practiquen, en el cual especificarán con la mayor exactitud los hechos por ellos averiguados...remitirá con el atestado un informe dando cuenta de las detenciones anteriores..." (art. 292 LECrim). Todas las hojas deben estar firmadas y selladas (art. 293 LECrim), pero no se ha precisado ninguna estructura determinada. A tenor de la LECrim, el inicio de las actuaciones policiales procede o bien desde el conocimiento que la policía tenga de un hecho delictivo (art. 282 LECrim) o bien desde la denuncia de un particular "Formalizada que sea la denuncia, se procederá o mandará proceder inmediatamente por el Juez o funcionario a quien se hiciese a la comprobación del hecho denunciado..." (arts. 259, 264 y 269 LECrim) o bien desde la querella, que se diferencia de la denuncia en la intención de ejercer acción penal además de denunciar los hechos, "Todos los ciudadanos españoles, hayan sido o no ofendidos por el delito, pueden querellarse, ejercitando la acción popular establecida en el artículo 101 de esta Ley." la cual "...se presentará siempre por medio de Procurador con poder bastante y suscrita por Letrado." (arts. 270 y 277 LECrim).

a) Primeras actuaciones y diligencias policiales.

Al inicio de la LECrim, y de forma genérica, se definen las primeras diligencias (art.13 LECrim). Posteriormente, aunque también de forma genérica, se describen las actuaciones que incumben específicamente a, "La Policía Judicial tiene como objeto, y será obligación de todos los que la componen...", de cuyo artículo se extraen estas cuatro actuaciones (art. 282 LECrim; 1.4):

- 1ª Averiguar los delitos públicos.

- 2ª Practicar las diligencias necesarias para comprobarlos y descubrir a los delincuentes.

- 3ª Recoger los efectos, o pruebas del delito.

- 4ª Informar a las víctimas y valorar sus circunstancias particulares para determinar las medidas de protección.

A continuación se analizan, desde el punto de vista de las actuaciones policiales, el procedimiento abreviado y el de enjuiciamiento rápido, el primero porque en él la LECrim especifica una serie de actuaciones para cuando la Policía Judicial, en sentido genérico, llega al lugar de los hechos, y el segundo porque está dirigido en particular a la Policía Judicial "Sin perjuicio de lo establecido para los demás procesos especiales, el procedimiento regulado en este título se aplicará a la instrucción...siempre que el proceso penal se incoe en virtud de un atestado policial y que la Policía Judicial haya detenido a una persona y la haya puesto a disposición del Juzgado de guardia o que, aun sin detenerla, la haya citado para comparecer ante el Juzgado de guardia..." además de concurrir que sea uno de los siguientes delitos (art. 795.1 LECrim):

- Delitos flagrantes, delitos sobre personas del art. 173.2 CP, hurtos, robos, de vehículos también, daños, seguridad del tráfico, salud pública, delitos leves, y los delitos de allanamiento de morada y de usurpación incluidos con la Ley Orgánica 1/2025, de 2 de enero, de medidas en materia de eficiencia del Servicio Público de Justicia (art. 20 punto quince Ley Org. 1/2025).

b) El procedimiento abreviado.

La Policía Judicial acudirá de inmediato al lugar de los hechos y realizará las siguientes diligencias (art. 770.1ª-6ª LECrim):

- 1ª Requerir la asistencia de facultativo para la asistencia de las víctimas (ver parte facultativo en art. 796.1.1ª LECrim)

- 2ª Realizar fotografías, o imágenes, etc. que ayuden al esclarecimiento de los hechos.

- 3ª Recogerá y custodiará los efectos, o pruebas del delito de cuya desaparición hubiere peligro. Se definen los efectos judiciales (art. 367 bis LECrim)

- 4ª Cuando "...el cadáver se hallare en la vía pública, en la vía férrea o en otro lugar de tránsito, lo trasladará...dando cuenta de inmediato a la autoridad judicial." (art. 770.4ª LECrim). Es procedente primero comunicar a la autoridad judicial la situación del cadáver, "Cuando...existencia de huellas o vestigios cuyo análisis biológico pudiera contribuir al esclarecimiento..., el Juez de Instrucción adoptará u ordenará a la Policía Judicial o al médico forense que adopte las medidas necesarias para que la recogida, custodia y examen...se verifique en condiciones que garanticen su autenticidad..." (art. 326 LECrim).

- 5ª Tomará los datos personales y direcciones de las personas implicadas (art. 367 bis LECrim)

- 6ª Intervendrá, de resultar procedente, el vehículo...de la persona que se le impute el hecho.

- 7ª Podemos requerir el auxilio de otros miembros de las FFCCSS (art. 772.1 LECrim).

- 8ª Las FFCCSS están obligadas a la cooperación recíproca dentro de sus competencias (art. doce.2 Ley 2/1986 FFCCSS)

A la par de las actuaciones dictadas le siguen las informaciones de derechos, "...en el tiempo imprescindible y, en todo caso, durante el tiempo de la detención, si la hubiere, la Policía Judicial practicará las siguientes diligencias" (art. 771.1ª y 2ª LECrim; 1.4):

- 9ª "Cumplirá con los deberes de información a las víctimas...de forma escrita de los derechos que les asisten...".

- 10ª "Informará … al investigado no detenido de cuáles son los hechos que se le atribuyen y de los derechos que le asisten…"

Observe el lector que, aunque el artículo menciona la detención no incluye sus derechos, estos se dictan en otro artículo (1.4).

- 11ª Se añade que los efectos que pertenecen a la víctima serán restituidos inmediatamente salvo que deban ser conservados como medio de prueba sin perjuicio de su restitución tan pronto resulte posible (4º párrafo, art. 334 LECrim; último punto de 2.1.c)).

c) El procedimiento de enjuiciamiento rápido.

Está dirigido a la policía judicial cuando se produce una detención o cuando se cita al investigado en sede judicial, dentro de ciertos delitos, como se ha apuntado más arriba (2.1.a)) "...la Policía Judicial deberá practicar en el tiempo imprescindible y, en todo caso, durante el tiempo de la detención…", las siguientes diligencias", citando a continuación las más comunes (art. 796.1 del 1ª-8ª LECrim):

- 1ª Después de recabar los auxilios para el ofendido (art. 770.1ª LECrim) "...solicitará del facultativo…que atendiere al ofendido copia del informe relativo a la asistencia prestada para su unión al atestado policial…"

- 2ª Informará a la persona denunciada, aunque no se le detenga, de su derecho a ser asistido por abogado en sede judicial y si no designa uno propio se dispondrá uno de oficio.

- 3ª Citará al inculpado no detenido para comparecer en el juzgado de guardia informando de las consecuencias de no asistir, "...la Policía Judicial fijará el día y la hora de la comparecencia coordinadamente con el Juzgado de guardia."(art. 796.2 LECrim).

- 4ª Citación policial para comparecer en el juzgado de guardia a los testigos, informando de las consecuencias de no asistir. No es necesaria la asistencia de los agentes intervinientes si su declaración está en diligencia.

- 6ª Si la urgencia lo requiere, las citaciones pueden hacerse por otro medio de comunicación, incluso verbalmente, dejando constancia (art. 796.3 LECrim).

- 7ª Se añade que los efectos que pertenecen a la víctima serán restituidos inmediatamente salvo que deban ser conservados como prueba, sin perjuicio de su restitución tan pronto resulte posible (4º párrafo, art. 334 LECrim; último punto de 2.1.b)).

d) Cadena de custodia.

La sentencia del Tribunal Supremo nº 208/2014 de 10 de marzo, considera que "Se viene entendiendo por la doctrina como cadena de custodia, el conjunto de actos que tienen por objeto la recogida, el traslado y la conservación de los indicios o vestigios obtenidos en el curso de una investigación criminal, actos que deben cumplimentar una serie de requisitos con el fin de asegurar la autenticidad, inalterabilidad e indemnidad de las fuentes de prueba" (Iberley, "La cadena de custodia en el proceso penal"). En consecuencia el objeto de la cadena de custodia es garantizar la fiabilidad de la prueba, y no su validez, sobre lo que se pronuncia expresamente el Tribunal Supremo, proporcionando unos criterios sobre la cadena de custodia (punto séptimo 2, STS nº 656/2015 de 10 de noviembre).

Como no hay establecido un protocolo sobre la custodia de pruebas, sirva como base el "Manual de criminalística para la Policía Judicial" editado por la Secretaría General Técnica del Ministerio del Interior. En el apartado de "Recogida y remisión de muestras" (pág. 31 Manual de criminalística) se fija como previsión en la recogida de pruebas que:

- el sistema de recogida no dañe, o altere la naturaleza del indicio,

- el sistema de recogida no destruya otros indicios existentes en el objeto.

- el sistema de conservación no produzca daño, o alteraciones, en la naturaleza del objeto.

Y sobre la cadena de custodia establece que "se tendrán en cuenta las instrucciones dadas por la Comisión Nacional de Coordinación de la Policía Judicial para la práctica de diligencias donde se marca la obligación de confeccionar un documento anejo al envío de muestras que acredite la observación, en todo momento, de la "Cadena de Custodia", desde la toma de muestras, debiendo quedar en el mismo constancia firmada de todas las personas bajo cuya responsabilidad hayan estado las muestras.". El lector, si lo desea puede comparar las diligencias o actas de uso común para este cometido con las indicaciones de estos manuales, lo que pretende el autor es señalar la importancia que tiene la cadena de custodia dentro del proceso penal.

e) Comunicación de las primeras diligencias <sin detenido>.

En la LECrim se expresan dos tipos de plazos, uno relativo y otro específico, con las mismas excepciones que se enumeran más abajo. El plazo relativo dice, "Inmediatamente que los funcionarios de la policía judicial tuvieren conocimiento de un delito público...o fueren requeridos...por razón de algún delito privado… lo participarán a la autoridad judicial o al Ministerio Fiscal, si pudieren hacerlo sin cesar en la práctica de las diligencias de prevención. En otro caso, lo harán así que las hubieren terminado." (art. 284.1 LECrim).

El plazo específico dice, "En ningún caso los funcionarios de Policía Judicial podrán dejar transcurrir más de veinticuatro horas sin dar conocimiento a la autoridad judicial o al Ministerio Fiscal de las diligencias que hubieran practicado, salvo en los supuestos de fuerza mayor y en el previsto en el apdo. 2 del artículo 284" (art. 295 LECrim). Mientras que cuando es el Fiscal o el Juez quién ordena la práctica de diligencias indican los plazos a seguir (art. 296 LECrim). Siempre se remite copia del atestado al Ministerio Fiscal (art. 772.2 LECrim), aunque ahora esta comunicación se realiza a través de "lexnet".

Las excepciones previstas parten de cuando el autor es desconocido. En estos casos "...la Policía Judicial conservará el atestado a disposición del Ministerio Fiscal y de la autoridad judicial, sin enviárselo…"(primer párrafo del art. 284.2 LECrim) teniendo en cuenta que el archivo del atestado se realiza "...de no ser identificado el autor en el plazo de setenta y dos horas,...", comunicando al denunciante este punto y de " …su derecho a reiterar la denuncia ante la fiscalía o el juzgado de instrucción" (último párrafo del art. 284.2 LECrim).

Por último, aunque el autor sea desconocido, hay ciertos delitos que se comunican siempre (arts. 284.2 a),b) y c) LECrim):

- Que se trate de delitos contra la vida, contra la integridad física, contra la libertad e indemnidad sexuales y delitos relacionados con la corrupción (art. 284.2 a) LECrim).

- Que se practique cualquier diligencia después de transcurridas las 72 h. y hayan tenido algún resultado (art. 284.2.b) LECrim).

- Que el ministerio Fiscal o la autoridad judicial soliciten la remisión

f) Protección de las víctimas durante y después.

Se señalan dos momentos. Uno es la protección policial que se presta a las víctimas en las primeras actuaciones (2.1.a)) cumpliendo uno de sus principios básicos (1.3). Y el otro momento son las solicitudes de las órdenes de protección y alejamiento. La primera es un derecho de todas las víctimas del ámbito doméstico "El Juez de Instrucción dictará orden de protección para las víctimas de violencia doméstica en los casos … de las personas mencionadas en el art. 173.2 del Código Penal" (art. 544 ter.1 LECrim), observando que no se distingue el sexo sino la relación que les une (art. 173.2 del CP). Se ha dispuesto un formulario para formalizar la solicitud de la orden de protección. Hay que incidir que, dentro del ámbito doméstico, cualquier persona puede formalizar la solicitud en favor de otra de ellas (art.544 ter 2 LECrim).

Por otro lado, la orden de alejamiento es un derecho de las víctimas de los delitos comprendidos en el art. 57 del Código Penal (art. 544 bis LECrim), agrupados en delitos contra la vida, la integridad física o moral, la libertad sexual, la libertad y la seguridad.

g) Valor judicial de las diligencias y de las declaraciones policiales.

Por sí solas, las diligencias recogidas en el atestado "...se considerarán denuncias para los efectos legales" (art.297 LECrim), como dicta también el Tribunal Supremo en sentencia de 23 de enero de 1987 en la que manifiesta, "...que el auténtico valor que los tribunales pueden otorgar al atestado:...efectivamente no se les puede atribuir por sí solas otro valor que el de mera denuncias". La Jurisprudencia del Tribunal Supremo reitera en numerosas resoluciones que las diligencias que componen el atestado carecen de valor probatorio por sí mismas, solo se les concede valor probatorio si es ratificada en el acto del juicio oral (STS Sala 2ª de 10 de octubre de 2011; STC 107/1983, y otras extraídas del artículo "El gran reto de las comparecencias", web elderecho.com).

En cambio, en sede judicial, "Las declaraciones de las Autoridades y funcionarios de Policía judicial tendrán el valor de declaraciones testificales apreciables como éstas según las reglas del criterio racional." (art. 717 LECrim). Como bien dicta la doctrina constitucional "Sólo puede concederse al atestado valor de auténtico elemento probatorio si es reiterado y ratificado en el juicio oral, normalmente mediante la declaración testifical de los agentes de policía firmantes del mismo" (SSTC 100/85, 101/85, 145/85, 5/89, 182/89, 303/93, 51/95 y 157/95). Sentencias extraídas del artículo "Atestado Policial: algo más que una denuncia" (Noticias Jurídicas).

➢ **2.2.** Clasificación de los delitos.

El Código Penal declara que "Son delitos las acciones y omisiones dolosas o imprudentes penadas por la ley" (art. 10 CP), mientras que el tipo penal o tipificación "Descripción legal de la conducta delictiva abstracta que configura una clase (tipo) de delito o conducta penalmente prohibida..." (DPEJ). La importancia de la descripción del delito estriba en que "No será castigada ninguna acción ni omisión que no esté prevista como delito por ley anterior a su perpetración." (art. 1.1 CP) y "Las leyes penales no se aplicarán a casos distintos de los comprendidos expresamente en ellas." (art. 4.1 CP; ver 2 y 2.1).

Sin embargo los artículos que componen el Código Penal no están precedidos de ningún título individual, son los capítulos, títulos y libros que estructuran el CP los que están titulados. Por otra parte, tampoco hay listas clasificatorias en base a las características de los delitos, más bien se expresan en los propios artículos o en las disposiciones comunes.

Tienen cuatro características básicas que afectan a las actuaciones policiales.

Según el requisito de la denuncia los delitos son públicos o perseguibles de oficio si no es necesaria la denuncia, y semipúblicos o privados cuando sí lo es, indicando en los artículos a qué tipo de víctimas se les requiere, y cuando en el artículo no se indica nada el delito es perseguible de oficio (conceptos jurídicos). En el semipúblico la acción penal no finaliza con la retirada de la denuncia (art. 108 LECrim) mientras que en los delitos privados sí que sucede (art. 106 LECrim). Se recalca que los artículos indican a qué tipo de víctima se le requiere la denuncia. En conclusión, dependiendo de la víctima, un mismo delito puede ser de oficio, o bien semipúblico o bien privado, comenzando las primeras diligencias (2.1.a)) de oficio cuando el delito lo es, y por denuncia de la persona ofendida o representante legal cuando el delito es semipúblico o privado. Atendiendo a lo que dicta cada artículo del CP.

Los delitos se cometen con dolo o imprudencia (art. 5 CP; conceptos jurídicos), pero tampoco hay una lista clasificatoria. El dolo exige intencionalidad (conceptos jurídicos). Mientras que la imprudencia es un concepto más complejo, hay dos factores que de forma abstracta ayudan a discernir el concepto de imprudencia, "... cuando se infringe la norma de cuidado más elemental causando un daño ..." y "... la imprudencia no tiene intencionalidad de provocar un daño...". No obstante, es en los artículos donde se describen las imprudencias que son punibles, "Las acciones u omisiones imprudentes sólo se castigarán cuando expresamente lo disponga la Ley." (art.12 CP), catalogando el hecho como grave cuando el daño producido es grave, y menos grave cuando el daño es menos grave.

Y la última característica son las penas (art.32 CP), que se clasifican como graves, menos graves o leves (art.33 CP). De nuevo, no hay una lista clasificatoria de los delitos según sus penas, sino que más bien en cada artículo se describe el delito y la pena que conlleva, y posteriormente se le añaden otras circunstancias con las penas correspondientes.

Resumiendo, estas son las cuatro características que definen a los delitos. Cada artículo primero describe el delito y el tipo de pena que conlleva, si no dice nada sobre el requerimiento de denuncia es de oficio, y en caso contrario el artículo concreta a qué tipo de víctima se le requiere la denuncia. A posteriori, en otros apartados del mismo artículo o en otros artículos, se pueden añadir circunstancias o características con las correspondientes penas. Y por último, cuando la imprudencia es punible en el artículo se describe qué hechos son los que se consideran imprudentes con la pena correspondiente. Si no se menciona la imprudencia es que no es punible (arts. 1.1, 10 y 12 CP).

A continuación se listan los delitos más comunes según el requerimiento de la denuncia, apuntando que los denominados delitos de odio "...delitos cometidos con ocasión del ejercicio de los derechos fundamentales y de las libertades públicas..." (arts. 510-521 CP) al igual que los "Delitos contra la libertad de conciencia, los sentimientos religiosos y el respeto a los difuntos" (arts. 522-526 CP), son perseguibles de oficio.

a) Delitos privados.

Son las calumnias e injurias (arts. 205 y 208 CP), en los que la responsabilidad penal se extingue con la retirada de la denuncia (art. 215.3 CP). Sin embargo son de oficio cuando se realizan sobre funcionario, autoridad o agente en el ejercicio de sus cargos (art. 215.1 CP). Se apunta que en el ámbito doméstico las injurias o las vejaciones de carácter leve también requieren denuncia (art. 173.4 CP), salvo que sean continuadas o habituales porque en este caso son un delito de oficio (art.173.3 CP).

b) Delitos semipúblicos o semiprivados.

- homicidio por imprudencia menos grave, y que no sea con vehículo (art. 142.2 CP)

- lesiones leves y maltrato de obra (art. 147.4 CP)

- lesiones por imprudencia menos grave (art. 152.2 CP)

- amenazas y coacciones leves (arts. 171.7 y 172.3 CP)

- acoso, incluyendo anuncios o perfiles falsos que provoquen humillación o acoso (art. 172 ter 4 CP)

- comportamientos o proposiciones sexuales humillantes, hostiles o intimidatorias, sin ser un delito mayor (art. 173.4 CP)

- descubrimiento y revelación de secretos (art. 201 CP)

- incumplimientos de asistencia de la familia e impagos (art. 228 CP)

- daños:

  * por imprudencia grave +80.000 euros no tiene pena de prisión (art. 267 CP)

  * con dolo (arts. 263-266 CP) es de oficio:

  ** delito leve o menos grave según si el daño es < o > 400 euros no tiene pena de prisión (art. 263.1 CP)

  ** con pena de prisión en los supuestos descritos (arts. 263.2 - 266 CP)

- delitos relativos al mercado, a los consumidores y societarios (arts. 287 y 296 CP), son de oficio cuando afectan a una pluralidad de personas o a los intereses generales.

c) Delitos contra la libertad sexual.

Son delitos semipúblicos que requieren "...denuncia de la persona agraviada, de su representante legal..." salvo que "...la víctima sea menor de edad, persona con discapacidad necesitada de especial protección o una persona desvalida, bastará la denuncia del Ministerio Fiscal." (art. 191.1 CP) y en los que "... el perdón del ofendido o del representante legal no extingue la acción penal ..." (art.191.2 CP). Las agresiones sexuales (cap. I Titulo VIII, Libro II), acoso (cap. III), exhibicionismo (cap IV), prostitución y corrupción (cap. V), son delitos contra la libertad e indemnidad sexuales de los que hay que dar cuenta aunque no se conozca el autor (2.1.e)).

d) Aclaración sobre el delito de atentado con intimidación grave.

Dice el Tribunal Supremo que "...Únicamente cuando la violencia sea inminente, y la intimidación se aproxime a su posible materialización, constituirá una intimidación grave que será constitutiva del delito de atentado." "Pero la intimidación que requiere el delito de atentado ha de ser grave...Debe, en consecuencia, estar rodeada de aquellos elementos que no solamente la hagan creíble, sino inminente o real, capaz de atemorizar al sujeto pasivo de la acción." (STS 158/2025, 26 de Febrero de 2025 vista en vlex.es). Vuelve sobre el asunto la misma sentencia "...un acto de intimidación grave debe ir rodeado de aquellos elementos instrumentales que le confieran realidad y seriedad, como el mismo porte de armas, o la personalidad del autor como extremadamente violento, lo que ocurría en caso de tratarse de personas condenadas, por ejemplo, por delitos de terrorismo o graves actuaciones contra la integridad física de las personas, que rodeen el acto de verosimilitud, o de otra forma que revele tal verosimilitud, no como ocurre en nuestro caso.". Véase por ejemplo la STS 1872/2000, de 5 diciembre, en donde dice que "esgrimir un cuchillo frente a los Agentes que iban a detenerle excede el mero porte del arma..." (aportada en la STS 158/2025, 26 de Febrero de 2025 vista en vlex.es).

➤ 3. La detención es una medida cautelar. El uso de la fuerza.

Aunque algunas de las siguientes disertaciones no son necesarias para el trabajo policial se incluyen por el interés de realizar un compendio legal exhaustivo de todas las facetas legales de la detención y su posterior práctica. Se deja al lector su decisión de leerlo.

La Constitución Española de 1978 atribuye a la detención un carácter preventivo, "La detención preventiva no podrá durar más…" (art. 17.2 CE), amparando las leyes que establecen las formas y requisitos de la detención "…en los casos y en la forma previstos en la ley" (art.17.1 de la CE). Este hecho se ratifica en la LECrim, "Ningún español ni extranjero podrá ser detenido sino en los casos y en la forma que las leyes prescriban" (art.489 LECrim) desarrollados en los arts. 490, 491 y 492 de la LECrim.

➤ 3.1. Doble naturaleza de la detención, civil y penal.

En la Ley de Enjuiciamiento Civil (LEC) se fundamentan con carácter general las medidas cautelares (Título VI del libro III LEC) con la finalidad primordial de "…asegurar la efectividad de la tutela judicial…" (art. 721.1 LEC) y con el requisito imprescindible de que "Tampoco podrá éste acordar medidas más gravosas que las solicitadas." (art. 721.2 LEC), en lo que incide la LEC indicando que las medidas cautelares deben ser lo menos gravosa posible para el demandado (arts. 726.1.1ª y 2ª LEC), y pueden ser sustituidas por otra medida cautelar que siendo igual de efectiva sea menos gravosa, aunque cumpliendo con su finalidad (arts.746 y 747 LEC). Se formula una tercera característica "Con el carácter temporal, provisional, condicionado y susceptible de…" (art. 726.2 LEC).

A continuación, la LEC enumera un conjunto de medidas específicas (art. 727.1ª-11ªLEC), cuyo último punto prevé la existencia de leyes que declaren otro tipo de medidas cautelares "11ª. Aquellas otras medidas que, para la protección de ciertos derechos, prevean expresamente las leyes, o que se estimen necesarias para asegurar la efectividad de la tutela judicial..." (art.727.11ª LEC). Avalando la declaración del CP, "La detención y prisión preventiva y las demás medidas cautelares de naturaleza penal" (art. 34.1 CP). Así mismo, el Tribunal Constitucional define la detención "...como medida cautelar realizada en el curso de un procedimiento penal o en función de su incoación, preordenada a garantizar la futura aplicación del "ius puniendi" y, de modo inmediato, a proporcionar al juez de instrucción el primer sustrato fáctico para la incoación de las diligencias..."(STS 1-02-1995 y ATS 7-03-1995), extraído del artículo "Análisis de la detención" (publicado en la Toga Digital).

Por añadidura, La LEC recalca la justificación de las medidas cautelares "Peligro por mora procesal. Apariencia de buen derecho. Caución" (art. 728.1 LEC), que es una reiteración de las características declaradas (art. 726 LEC). Deben ser imprescindible para tutelar la efectividad judicial (art.726.1.1ª LEC), lo que es peligro por mora procesal (DPEJ), proporcionales entre su objetivo y el daño que pueden causar (art.726.1.2ª LEC), y temporales (art.726.2 LEC), identificándose en ambas la apariencia de buen derecho y la caución (conceptos jurídicos). Como este trabajo se atiene a lo escrito en las leyes, antes que a lo discernido en otros escritos, no se hace una exhaustiva elaboración de todas las características, y porque ya están sintetizadas (art. 726 LEC). La lista común es, provisionalidad, legalidad, excepcionalidad, proporcionalidad, adaptación, modificabilidad, motivación, instrumentalidad, y jurisdiccionalidad.

➤ **3.2.** El uso de la fuerza y los medios de defensa.

Al amparo de la Constitución Española de 1978 que establece como misión de las FFCCSS proteger el libre ejercicio de los derechos y libertades y garantizar la seguridad ciudadana (art. 104.1 CE), la Ley Org. de 2/1986 de FFCCSS (art. 104.2 CE) fija de forma abstracta los principios de las actuaciones policiales, congruencia, oportunidad y proporcionalidad (art. quinto 2.c Ley Org. 2/1986 FFCCSS).

a) Legitimidad.

El mismo artículo concreta algo más las actuaciones policiales "...deberán actuar con la decisión necesaria, y sin demora cuando de ello dependa evitar un daño grave, inmediato e irreparable..." (art. quinto 2.c Ley Org. 2/1986 FFCCSS), con el fin de:

- Auxiliar y proteger a las personas y asegurar la conservación y custodia de los bienes...(art. once 1.b) Ley 2/1986 FFCCSS).
- Mantener y restablecer, en su caso, el orden y la seguridad ciudadana (art. once 1.e) Ley Org. 2/1986 FFCCSS).
- Prevenir la comisión de actos delictivos (art. once 1.f) Ley Org. 2/1986 FFCCSS).

De forma genérica lo recogen los artículos 3.2, 3.3 y 3.4 de la Instrucción nº 10/2025 de la SES sobre Procedimiento integral de la detención policial (actualiza la Instr. nº 1/2024 SES). Sin embargo, uno de los aspectos que más preocupa a los policías es, que la interpretación legal de las situaciones de riesgo parte desde parámetros abstractos, "oportunidad, congruencia y proporcionalidad", que se muestran escasos ante estas situaciones, hay una pobre concreción legislativa sobre las situaciones de riesgo. Pretende el autor, con los siguientes párrafos, esbozar una introducción a la realidad de estas situaciones.

El riesgo físico inminente de un daño grave para, los propios policías, terceras personas y el agresor, sea por una conducta autolítica o por agresividad directa, provoca que los actos de cada una de las personas involucradas sean profundamente reactivos e instintivos, cambiando su percepción común en el sentido más básico del pensamiento, durante los sucesos. En particular, la actuación de los policías se torna enormemente compleja porque al instinto natural de la propia defensa, inalienable, se une la defensa de terceras personas más el objetivo de parar al delincuente con el menor daño posible.

Esto se traduce en una elevada variabilidad de los actos concretos de cada persona vinculada al rapidísimo desarrollo de los acontecimientos, a nivel de reflejos. Dicho de otro modo, estas actuaciones son desequilibrantes por momentos.

Respecto a las decisiones de los policías, estos desarrollan y renuevan in situ, de experiencia en experiencia, la capacidad de atención a los detalles con el fin de tomar las medidas de defensa más oportunas y la actitud más adecuada. No obstante, se hace imposible prever los múltiples aspectos a lo largo de las diferentes etapas que atraviesan las situaciones de riesgo, ni cuándo aparecen, ni con qué intensidad, y menos aún se puede prever la intencionalidad, la habilidad, la fuerza, la agresividad y el estado del agresor, por estar asociado a drogas y enfermedades psiquiátricas, o simplemente odio hacia los policías y las víctimas. Estos factores son determinantes de la duración y peligrosidad del altercado.

En conclusión, el desarrollo de la percepción dentro de estas situaciones sólo se alcanza participando, no es posible ser conocedor de ellas a través de una abstracción de conceptos e ideas por más rigurosas que sean, ni de entrenamientos que evidentemente no pueden emular estos momentos, más bien prestan una ayuda indirecta pero válida. Por estas razones es difícilmente entendible, que desde la causalidad temporal del día común en la que se percibe el tiempo de una forma extendida y sin presión, se pueda interpretar la rápida causalidad temporal de las situaciones extremas en las que las personas involucradas están sometidas a una fuerte presión, que comprime el tiempo y acorta las decisiones en pos de salvar la vida propia y ajena (este es el único comentario personal del autor).

b) Exención de responsabilidad criminal.

A tal efecto, el Código Penal recoge los casos que eximen de responsabilidad criminal (art. 20 CP), abordando el uso de la fuerza:

- "4º. El que obre en defensa de la persona o derechos propios o ajenos, siempre que concurran los requisitos siguientes" (art. 20.4º del CP):

    1. Agresión ilegítima.

    2. Necesidad racional del medio empleado para impedirla o repelerla.

3. Falta de provocación suficiente por parte del defensor.

- "5º. El que, en estado de necesidad, para evitar un mal propio o ajeno lesione un bien jurídico de otra persona o infrinja un deber, siempre que concurran los siguientes requisitos" (art. 20.5º CP). Bienes jurídicos, cada delito protege un bien jurídico, por ejemplo la vida y el patrimonio (ver conceptos jurídicos):

    1. Que el mal causado no sea mayor que el que se trate de evitar.

    2. Que la situación de necesidad no haya sido provocada intencionadamente por el sujeto.

    3. Que el necesitado no tenga, por su oficio o cargo, obligación de sacrificarse.

- "7º. El que obre en cumplimiento de un deber o en el ejercicio legítimo de un derecho, oficio o cargo" (art. 20.7º CP).

- "d) Solamente deberán utilizar las armas en las situaciones en que exista un riesgo racionalmente grave para su vida, su integridad física o las de terceras personas, o en aquellas circunstancias que puedan suponer un grave riesgo para la seguridad ciudadana y de conformidad con los principios a que se refiere el apartado anterior" (art. Quinto 2.d) Ley Org. 2/86 FFCCSS).

De las leyes penales, solamente el art. 20.5º del Código Penal aborda las lesiones que se pueden derivar del uso de la fuerza, mientras que la Ley Org. 2/86 FFCCSS aborda el uso de las armas, con "...un riesgo racionalmente grave…" que habrá que explicar.

c) Los tres principios que rigen la utilización de los medios al alcance.

Oportunidad, congruencia y proporcionalidad (artículo Quinto 2.c) de la Ley Orgánica 2/1986 de FFCCSS).

La oportunidad es el inicio de la actuación policial, en el sentido que dicta la ley "...en la utilización de los medios a su alcance.". Se aborda de dos formas, una genérica y otra algo más específica. La primera, cuando se obra en defensa propia o ajena, "El que obre en defensa de la persona o derechos propios o ajenos, siempre que concurran los requisitos siguientes: 1. Agresión ilegítima. 2. Necesidad racional del medio empleado para impedirla o repelerla." (art. 20.4º CP; recopilado de 3.2.b)). Y la segunda, cuando es **el momento preciso de evitar un daño** "...deberán actuar con la decisión necesaria, y sin demora cuando de ello dependa evitar un daño **grave, inmediato e irreparable**…" (art. Quinto 2.c Ley Org. 2/1986 FFCCSS; recopilado de 3.2.a)).

La congruencia es la **coherencia entre el medio de defensa a utilizar y los riesgos que se quieren evitar**, descrito en el CP (3.2.b)) y sobre el uso de las armas en la Ley Org. 2/1986 de FFCCSS (3.2.b)). Véase STS 949/2013 de 19 de diciembre "...Y, en cualquier caso, el uso de la fuerza es manifiestamente desproporcionado y abusivo, pues no era en absoluto necesario fracturar a un ciudadano tres costillas, utilizando la defensa o porra policial, con suma fuerza y golpeando reiteradamente su dorso, y los flancos del torso, para reprimir una actuación simplemente molesta, cuando la fuerza pública se encontraba en clara superioridad numérica y física, estando la víctima ya lesionada." (artículo Quinto de Fundamentos de Derecho en STS 949/2013 de 19 diciembre).

Y la proporcionalidad es "**la intensidad del empleo de los medios de defensa**, de forma que no sobrepase la estrictamente necesaria **para conseguir el control de la persona, quedando absolutamente proscrito todo exceso**" (art. 3.4.c) Instrucción nº 10/2025 SES sobre Procedimiento integral de la detención policial). Este principio exige valorar la progresividad ascendente y descendente en el uso de la fuerza de "1º. Causar la menor lesividad posible…, bajo la premisa del empleo progresivo de medios para el uso de la fuerza. 2º…debiendo volver a ser descendente en la medida en que la situación se vuelva propicia para facilitar la detención deseada." (art. 3.4.c) Instr. nº 10/2025 SES). Véase también la STS 785/1999 de 18 de mayo que aprecia "si bien han de apreciarse los requisitos tanto respecto a la legítima defensa como a la del cumplimiento del deber, dada la agresión ilegítima de la víctima…tales eximentes han de aceptarse…como incompletas debido al exceso cometido por dichos Agentes..." (STS 785/1999 de 18 de mayo, visto en págs 87-88 Ciencia policial nº182, web de la Policía Nacional).

Sirva la STS 601/2003 25 de abril (visto en vlex.es) por su clarificación en un doble sentido, primero porque presenta todos los puntos de la doctrina que el Tribunal Supremo sigue en estos casos, y posteriormente luego revisa, en los hechos acaecidos, los tres principios que rigen nuestra actuación.

La STS 601/2003 de 25 de abril detalla los 4 principios que son básicos para poder aplicar la eximente, señalando a continuación los dos que son imprescindibles "La eximente que se invoca prevista en el art. 20.7º del CP requiere según doctrina consolidada de esta Sala, de la que son exponente, entre otras, las sentencias 1284/99, de 21 de septiembre y 1682/2000, de 31 de octubre, los siguientes requisitos, sintéticamente expuestos: a) que los agentes actúen en el desempeño de las funciones propias de su cargo; b) que el recurso a la fuerza haya sido racionalmente necesario para la tutela de los intereses públicos y privados cuya protección tengan legalmente encomendados; c) que la utilización de la fuerza sea proporcionada; y d) que concurra un determinado grado de resistencia o de actitud peligrosa por parte del sujeto pasivo que justifique el acto de fuerza." y "Si faltan cualquiera de los dos primeros requisitos, que constituyen la esencia de la eximente, no es posible su aplicación, ni siquiera como eximente incompleta." (apartado Primero de los Fundamentos de derecho de la STS 601/2003 25 abril).

En referencia al caso de la STS 601/2003 de 25 de abril dice que "En los hechos probados... no se constata la eximente... la extralimitación en el ejercicio de sus funciones por el uso desproporcionado de una defensa reglamentaria de goma, cuando ni el motivo de la intervención policial justificaba medida tan drástica -el acusado le golpeó con la porra en un hombro y en la cara según el factum- ni el número de policías presentes lo hacía necesario en absoluto..." (apartado Primero de los Fundamentos de derecho sobre el recurso de Juan Miguel, el policía inculpado, de la STS 601/2003 25 abril). Y "...Según los hechos probados no hubo ni agresión ilegítima, ni inevitabilidad del supuesto mal que se trataba de evitar..." (apartado Segundo de los Fundamentos de derecho sobre el recurso de

Juan Miguel, el policía inculpado, de la STS 601/2003 25 abril). Continúan los fundamentos "...no se había probado "que agrediera a los policías"... así "La Sala excluye lógicamente la existencia de atentado y las faltas de lesiones que se imputaban al motorista..." (apartados Quinto y Sexto de los Fundamentos de derecho sobre el recurso de Juan Miguel, el policía inculpado, de la STS 601/2003 25 abril).

Hay una frase en el CP que sintetiza todo lo dicho "**Que el mal causado no sea mayor que el que se trate de evitar.**" (art. 20.5º CP; ver 3.2.b)).

➤ **3.3.** El engrilletamiento y el registro.

Se definen las esposas como "Manillas de hierro que, colocadas en las muñecas de presos o detenidos, les privan de valerse de las manos, ya sea para agredir a quienes los custodian, para suicidarse o para huir." (Diccionario jurídico elemental, Editorial Heliasta S.R.L., nueva edición por Guillermo Cabanellas de Torres). Ahora bien, las leyes vigentes no hablan estrictamente de esposamiento, ni inmovilización o engrilletamiento, más bien se contempla en la LECrim como una medida extraordinaria de seguridad, "No se adoptará contra el detenido o preso ninguna medida extraordinaria de seguridad sino en caso de desobediencia, de violencia o de rebelión, o cuando haya intentado o hecho preparativos para fugarse. Esta medida deberá ser temporal, y sólo subsistirá el tiempo estrictamente necesario" (art. 525 LECrim; art. 4.2.1 Instr. nº 10/2025 SES).

En ella se basa la última instrucción nº 1/2025 de la Secretaría de Estado de Seguridad (SES) sobre "Procedimiento integral de la detención policial". La SES tiene como uno de sus cometidos a través del Gabinete de Coordinación y Estudios, "a) Es el encargado de confeccionar las instrucciones y los planes directores y operativos de la Secretaría de Estado en materia de seguridad ciudadana, supervisando su ejecución.." (art. 2.3.2.a) Real Decreto 770/2017 de 28 de julio, estructura orgánica básica del Ministerio del Interior).

El capítulo IV de la instrucción nº10/2025 SES afronta directamente el registro personal del detenido y el uso de grilletes. Sobre el registro declara que "Inmediatamente después de ...la detención, la persona detenida debe ser sometida a un registro personal con objeto de salvaguardar la seguridad de todas las personas intervinientes, prevenir la realización de autolesiones, así como para la búsqueda de efectos del delito o evitar que pueda deshacerse de los mismos." (art. 4.1 Instr. nº 10/2025 SES). Y sobre los grilletes dice que "El uso de grilletes durante la detención se considera incluido entre las medidas de seguridad que pueden adoptarse en los supuestos previstos en el artículo 525 de la LECrim, salvo orden contraria de la Autoridad Judicial reflejada por escrito en diligencia dentro del atestado policial.", añadiendo que "...el agente...podrá valorar la conveniencia de aplicar o no esta medida..." "Con carácter general, ...las manos en la espalda, sin perjuicio de las situaciones excepcionales que aconsejen realizarlo frontalmente. En ... conducciones en vehículo,...se adaptará a las características y condiciones de seguridad del mismo, a la peligrosidad de la persona detenida y de sus características físicas, evitando hacerlo a partes fijas del vehículo." (art. 4.2 Instr. nº 10/2025 SES)

Y por último las situaciones especiales que propiamente exigen otras medidas de seguridad o su omisión (arts.8.5.a) y 8.5.b) Instr. nº10/2025 SES), indicando estos artículos los aspectos a valorar como "la edad, tipo de delito, medicinas, enfermedades psíquicas, antecedentes, agresividad verbal y/o física, drogas, alcohol...", teniendo en cuenta que "Se deberá dejar constancia escrita de todas las medidas relevantes que se adopten y sus circunstancias..." (art.8.5.c).8 Instr. nº10/2025 SES).

➢ 4. Plazos de la detención, y acceso a los elementos esenciales.

➢ **4.1.** La Constitución Española de 1978.

Dice "La detención preventiva no podrá durar más del tiempo estrictamente necesario para la realización de las averiguaciones tendentes al esclarecimiento de los hechos, y, en todo caso, en el plazo máximo de setenta y dos horas, el detenido deberá ser puesto en libertad o a disposición de la autoridad judicial." (art. 17.2 CE; ver 3.1). Este párrafo se repite íntegramente en el art. 520.1 LECrim. Y los incisos del primer párrafo son claros y determinantes "...deberán practicarse en la forma que menos perjudique al detenido o preso en su persona, reputación y patrimonio...velarán por los derechos constitucionales al honor, intimidad e imagen de aquéllos." (art. 520.1 LECrim). Las únicas excepciones se deben a los delitos de terrorismo (art. 520.1 bis LECrim).

Los aspectos de la detención referentes a los derechos de, información, extranjeros, menores, elección y actuaciones del abogado, están descritos en los ocho apartados que componen el art.520 LECrim, amparados en los arts. 17.1, 17.2 y 17.3 de la CE. Concretamente los derechos del detenido aparecen en el art.520.2 LECrim, prestando atención a su último párrafo "En todos los casos se permitirá al detenido conservar en su poder la declaración escrita de derechos durante todo el tiempo de la detención" (art. 520.2 Lecrim).

➢ **4.2.** Acceso a los elementos esenciales para impugnar la detención.

Según examina la doctrina de la Fiscalía General del Estado (FGE), "Mientras que el derecho de acceso a las actuaciones que reconoce el art. 118 LECrim encuentra su fundamento en la necesidad de defenderse de los hechos imputados, preparando la declaración de la persona investigada y articulando la estrategia de actuación ...", el derecho de acceso que proclama el art. 520 LECrim tiene otra finalidad completamente distinta: se trata, únicamente, de permitir la defensa frente a la detención, agotando su razón de ser en esa finalidad.". Recalca la circular que "Precisamente por eso, mientras que el derecho que deriva del art. 118 LECrim se extiende a la totalidad del procedimiento el acceso del detenido a las actuaciones habrá de quedar limitado a los precisos y concretos extremos necesarios para rebatir la detención de la que ha sido objeto " (3er y 4º párrafos apartado 5.3 Circular 3/2008 FGE).

Concluye, más adelante, dicha circular que "...el derecho que reconoce el art. 520.2.d) LECrim aparece condicionado por la finalidad que persigue, que no es otra que articular la defensa frente a una detención. En consecuencia, únicamente aquellos extremos del atestado que … pueda contribuir al ejercicio del derecho de defensa frente a esa detención, integrarán el contenido del derecho de información del detenido" (1er párrafo del apartado 5.3.2, Circular 3/2018 de 1 de junio FGE). Y citando a la unión europea, Directiva 2012/13/UE "En el momento de la detención o privación de libertad usted (o su abogado) tiene derecho a acceder a los documentos esenciales que necesita para impugnar la detención o privación de libertad. Si el caso llega a un tribunal, usted (o su abogado) tendrá derecho a acceder a las pruebas materiales favorables o desfavorables" (4º párrafo del apartado 5.3.2 circular 3/2018 FGE). Al mismo respecto se añade una sentencia del Tribunal Constitucional español, STC nº 21/2018 "... únicamente cobra sentido y se reconoce el acceso a aquéllas que sean esenciales para impugnar la legalidad de la detención …" (6º párrafo apdo 5.3.2 circular 3/2008 FGE).

La STC nº 21/2018 aborda por demás cómo se debe realizar esta información, "c) en cuanto a la forma, una vez solicitado, el acceso debe producirse de forma efectiva, mediante exhibición, entrega de copia o cualquier otro método que, garantizando la integridad de las actuaciones, permita al detenido conocer y comprobar por sí, o a través de su letrado, las bases objetivas de su privación de libertad". En todo caso, deberá dejarse constancia en el procedimiento del acceso facilitado." (último párrafo del apartado.5.3.1 circular 3/2008 FGE). Teniendo en cuenta la protección de las víctimas. La Ley Org. 19/1994, 23 diciembre de protección a testigos y peritos en causas criminales (LO 19/1994) prevé la posibilidad de aplicación de medidas de protección, al igual que el art. 282

LECrim, que dispone que la Policía Judicial "...llevará a cabo una valoración de las circunstancias ...de las víctimas para determinar ...qué medidas de protección deben ser adoptadas para garantizarles una protección adecuada..." lo cual está recogido en la circular 3/2008 FGE, así como la conclusión sobre este asunto "...deberán adoptarse las medidas necesarias para salvaguardar la identidad de víctimas y testigos..." (3er y último párrafos del apartado 5.3.2 circular 3/2008 FGE).

El lector puede ojear si lo desea las conclusiones de dicha circular, que son más breves (apartado 15.3ª circular 3/2008 FGE), explicando que la base de estos cambios procede de la Directiva 2012/13/UE que tuvo su reflejo en la LECrim a través de la LO 5/2015 y LO 13/2015 (apartado 15.4ª circular 3/2008 FGE).

Finalizando, la concreción de los elementos esenciales viene proporcionada por "Criterios para la Práctica de Diligencias por la Policía Judicial, aprobados por la Comisión Nacional de Coordinación de la Policía Judicial el día 3 de abril de 2017" (2º párrafo del apartado 5.3.1 circular 3/2018 FGE):

- lugar, fecha y hora de la detención;

- lugar, fecha y hora de la comisión del delito;

- identificación del hecho delictivo y breve resumen de los hechos;

- indicios de los que se deduce la participación del detenido en el hecho delictivo, referenciados genéricamente.

Y por último cabe señalar que el investigado a que hace referencia el art. 118 LECrim es el que se encuentra en sede judicial tal y como indica el título al que pertenece "Del derecho a la defensa...en los juicios criminales" (Título V del Libro I de LECrim). Mientras que el investigado no detenido está así definido en sede policial (art. 771.2ª LECrim), cuyo artículo pide informar de "...de los hechos que se le atribuyen... y de los apartados a), b), c) y e) del art. 520.2". Por lo tanto en este artículo no se contempla el derecho al acceso a los elementos esenciales de la detención, la cual por otra parte no se ha producido.

➤ 5. Requisitos que obligan a detener.

Cuatro orígenes de la detención policial.

➤ 5.1. El detenido al ir a cometer el delito y el detenido in fraganti.

La LECrim habilita a cualquier persona a detener a otra en ciertos casos, que son de obligación para la autoridad, entre los que destacan dos porque implican una acción directa como respuesta de lo que uno conoce o de lo que es testigo, "1º. Al que intentare cometer un delito en el momento de ir a cometerlo." y "2º. Al delincuente in fraganti." (arts. 490.1º y 2º y 492.1º LECrim), obsérvese que el delito in fraganti no distingue si es delito, leve, menos grave o grave. La LECrim aporta las siguientes consideraciones (art. 795.1.1ª LECrim):

- Cuando el delincuente sea sorprendido en el acto y lo acabare de cometer.

- Cuando el delincuente sea sorprendido en el acto y fuere detenido o perseguido inmediatamente después de cometerlo, mientras la persecución dure y no se suspenda.

- A quién se sorprendiere inmediatamente después de cometido un delito con efectos, instrumentos o vestigios que permitan presumir su participación en él.

Según el Tribunal Constitucional (STC 341/1993, de 18 de noviembre), el delito flagrante es: "...una situación fáctica en la que el delincuente es sorprendido -visto directamente o percibido de otro modo- en el momento de delinquir o en circunstancias inmediatas a la perpetración del delito". Mientras que el Tribunal Supremo lo definió como "... la percepción sensorial directa del hecho delictivo, de manera que la flagrancia se ve, se observa, no se demuestra y aparece vinculada a la prueba directa y no a la indirecta, circunstancial o indiciaria" (STS 1577/2001 de 12 de septiembre; ver conceptos jurídicos).

➤ **5.2.** El procesado.

Es la persona contra la que el juez instructor dicta auto de procesamiento, "Desde que resultare del sumario algún indicio racional de criminalidad contra determinada persona, se dictará auto declarándola procesada" (art. 384 LECrim), por lo tanto es una imputación formal (DPEJ). Con el auto de procesamiento "...finaliza el proceso de instrucción que es un requisito para la inculpación..." (conceptos jurídicos). Este no es el perfil común del detenido policial, sin embargo la LECrim habilita la detención por parte de cualquier persona de las personas procesadas cuando se fuguen o estén en rebeldía (arts. 490.3º-7º LECrim). En estos mismos casos la autoridad tiene obligación de detener (art. 492.1º LECrim).

Se añade que, cuando el procesado no ha sido detenido, la autoridad está obligada a detenerlo si la pena de prisión es mayor que prisión correccional (art. 492.2º LECrim). Hay que hacer aquí una breve disertación porque la prisión correccional que se menciona en la última actualización de 03 de enero de 2025 de la LECrim de 1882 (BOE) no está definida, así como tampoco lo está en el CP 1995 vigente en la actualidad. Se expone a continuación el recorrido de esta pena en los códigos penales españoles porque es donde las penas se clasifican, desde su aparición en el CP 1848 y pasando por la sustituciones de que es objeto, para poder establecer la extensión actual de su pena, ya que es clave en la detención (arts. 492.2º y 492.3º LECrim). Este recorrido sobre los códigos penales obedece a que cada uno de ellos es una reforma del anterior, como el lector puede constatar en sus preámbulos o exposiciones previas (2º párrafo del preámbulo del CP 1870; 1er párrafo del CP 1928; 1er y 2º párrafos CP 1932; título del decreto y 2º párrafo del preámbulo CP 1944; idem en los decretos que publican el CP 1963 y CP 1973; y 1er párrafo de la exposición del CP 1995 vigente en la actualidad):

- En el CP de 1848 se tipifica por primera vez la prisión correccional (art. 24 CP 1848 y en su texto revisado CP 1850), con una duración de 7 meses a 3 años (art. 26 de los CP de 1848 y 1850).

- En el CP de 1870 la prisión correccional se mantiene en la clasificación de las penas (art. 26 CP 1870) cambiando su duración que ahora es de 6 meses y un día a 6 años (art. 29 CP 1870).

- En el CP de 1928 se sustituye la prisión correccional por prisión (art. 856.b) CP 1928), que como tal se escribe en la clasificación de las penas (art. 87 CP 1928), con una extensión de 2 meses y un día a 30 años (art. 108 CP 1928).

- En el CP de 1932 se sustituye prisión correccional por prisión menor, razonando este cambio en el inicio de la publicación (7º párrafo del capítulo IV, Exposición de motivos, CP 1932), la duración es de 6 meses y un día a 6 años (art. 30 CP 1932).

- El CP de 1944 mantiene en su clasificación la prisión menor (art. 27 CP 1944) con la misma extensión de 6 meses y un día a 6 años (art. 30 CP 1944).

- El CP de 1973 mantiene la prisión menor en las clasificaciones de las penas (arts. 70 y 73 CP 1973) con la misma extensión de 6 meses y un día a 6 años (art. 76 CP 1973).

- Y por último, en el CP de 1995, vigente en la actualidad, se sustituye la pena de prisión menor por la de prisión ahora con una extensión de 6 meses a 3 años (Disposición transitoria undécima 1.d) CP 1995).

Esta breve cronología, con su trasfondo en el marco legal actual, no lo ha encontrado el autor en ningún estudio, ni artículo, ni en webs jurídicas, ni en los foros, lo ha esclarecido por sus propios medios.

En consecuencia, al procesado que no ha sido detenido es obligación de detener cuando la pena sea mayor que prisión correccional, que es > 3 años (art. 492.2º LECrim; disertación en 5.2). Mientras que si la pena de prisión es < 3 años se requiere la existencia de riesgo de fuga o incomparecencia en sede judicial para ejercer esta obligación. El mismo artículo proporciona el criterio con el que valorar este riesgo "...si sus antecedentes o las circunstancias del hecho hicieren presumir que no comparecerá…" (art. 492.3º LECrim).

Por otra parte, también incluye la excepción, "Se exceptúa...al procesado que preste en el acto fianza bastante, a juicio de la Autoridad o agente..., para presumir racionalmente que comparecerá cuando le llame el Juez" (art. 492.3º LECrim). En esta excepción radican dos actuaciones, una es el investigado no detenido si el procesado antes de ser detenido aporta credibilidad suficiente de su comparecencia, y otra es la puesta en libertad del procesado si una vez detenido aporta esta credibilidad (esquemas 1 y 2).

➢ **5.3.** El detenido por investigación.

El título relaciona uno de los principios básicos de la actuación policial, la averiguación de los delitos (1.3), con la detención, como síntesis del art. 492.4º LECrim, el cual lo pone de manifiesto indirectamente "Al que estuviere en el caso del número anterior, aunque todavía no se hallase procesado, con tal que concurran las dos circunstancias siguientes..." , que se tengan motivos racionales tanto de la existencia de un delito como de la participación en el mismo (art. 492.4º LECrim).

El caso del número anterior, como dice el artículo, se refiere al art. 492.3º LECrim, que motiva la detención del procesado. Con las claves proporcionadas en ambos arts. 492.3º y 4º LECRim se forman los siguientes esquemas:

Esquema 1.

Hay obligación de detener cuando se cumplen (compendio de los arts. 492.3º y 492.4º LECrim; último párrafo de 5.2):

- Indicios racionales de la comisión de un delito +

    indicios racionales de la autoría +

    pena de prisión > 3 años   +

    (comparar con los delitos graves > 5 años y con los delitos menos graves < 5 años; ver 5.2)

- Indicios racionales de la comisión de un delito   +

indicios racionales de la autoría   +

pena de prisión < 3 años   +

riesgo de fuga o incomparecencia +

(comparar con los delitos graves > 5 años y con los delitos menos graves < 5 años; ver 5.2)

(el criterio del riesgo se encuentra en el art. 492.3º LECrim)

Esquema 2.

No hay obligación de detener, la STS Sala 2ª de 19 de Febrero de 1994 dictamina que el riesgo de fuga o no comparecencia debe ser creíble para proceder a la detención (apartado B del esquema 1). Se derivan dos situaciones de este esquema, **el investigado no detenido o la puesta en libertad**, que dependen del momento en el que el inculpado proporciona credibilidad de que no existe riesgo de fuga o incomparecencia (último párrafo de 5.2):

- Indicios racionales de la comisión de un delito   +

  indicios racionales de la autoría   +

  pena de prisión < 3 años   +

  NO hay riesgo de fuga o incomparecencia +

("...preste en el acto fianza bastante, a juicio de la Autoridad o agente que intente detenerlo, para presumir racionalmente que comparecerá cuando le llame le Juez..." del art. 492.3º LECrim. En otras palabras cuando el detenido o la persona que se va a detener proporciona credibilidad racional).

(delitos menos graves < 5 años, art. 33 CP)

➤   **5.4.** La figura del investigado no detenido.

La única vez que aparece en la LECrim esta tipificación de forma inequívoca es sobre la información de sus derechos, "Informará en la forma más comprensible al investigado no detenido ... derechos reconocidos en los apartados a), b), c) y e) del artículo 520.2." (art.771.1ª LECrim). Esta figura es una de las que procede en los casos del apartado C (esquema 2). En ciertos delitos leves, "Cuando la Policía Judicial tenga noticia de un hecho que presente los caracteres de delito leve de lesiones o maltrato de obra, de hurto flagrante de amenazas, de coacciones o de injurias…procederá de forma inmediata a citar ante el Juzgado de Guardia a los ofendidos y perjudicados, al denunciante, al denunciado y a los testigos…", al denunciado se le informará por escrito de los hechos denunciados y de su derecho a asistir con abogado (arts. 962.1 y 962.2 LECrim). La Policía Judicial "...fijará la hora de la comparecencia coordinadamente con el Juzgado de guardia." (art. 961.4 LECrim) y en otros supuestos "...formará de manera inmediata el correspondiente atestado que remitirá sin dilación al Juzgado de guardia salvo …exceptuados en el artículo 284…" (art. 964.1 LECrim; 2.1.e)).

➢ **6. Análisis de los tipos de riesgo.**

La LECrim describe tres tipos de riesgo generados por parte del investigado o encausado, riesgo de fuga o no comparecencia, riesgo de destrucción, ocultación o alteración de pruebas y de que actúe contra los bienes jurídicos de la víctima (art. 503.1.3° apartados a), b) y c) LECrim). Los tres, sin concurrencia, están vinculados a los requisitos de la prisión provisional que puede decretar el juez.

Por demás, el riesgo de fuga aparece en la LECrim (art. 492.3°) vinculado a la detención por investigación de manera que si no se aprecia o no es creíble la detención deja de ser factible ((esquemas 1 y 2). Sin embargo puede suceder que, dado un delito con pena de prisión < 3 años, el autor no presente signos evidentes de fuga o no comparecencia sino que más bien evidencie riesgos inmediatos de manipulación, ocultación o destrucción de las pruebas, o riesgo inmediato de actuar contra los bienes jurídicos de la víctima.

La característica principal intrínseca a las medidas cautelares ligada al objetivo principal de tutelar la efectividad judicial (3.1) es el peligro por mora procesal, que se define como sigue "...situaciones judiciales en las que existe un riesgo que exige que se actúe rápidamente ...«peligro en la mora» designa un peligro o riesgo por el que se presume la necesidad de una medida inmediata" (conceptos jurídicos).

Puede concurrir que, cometido ya un delito como se ha descrito e identificado el autor, la LECrim no permita la detención por no existir riesgo de fuga (esquema 2) y sin embargo que esta misma acción, tomada en pos de la caución y por no apreciarse el peligro por mora procesal (arts. 728.1 y 728.3 LEC), vulnere la tutela del proceso penal por la destrucción de pruebas, o que vulnere la protección de las víctimas, cuando estos riesgos están asociados al delito inicial y por ende señalan el peligro por mora procesal.

Todo el esfuerzo está dedicado a hacer una lectura de consecuencias (3er párrafo del preámbulo). Se recuerda que la tutela judicial es el fundamento de las medidas cautelares (arts. 726.1.1ª y 728.1 LEC) además del objeto y obligación de los componentes de la policía judicial (art. 282 LECrim). Y que la protección de las víctimas es un cometido específico de la policía judicial (art. 282 LECrim), señalado como uno de los principios básicos de la actuación policial a la par que la prevención de los delitos (art. once 1.b) y 1.f) Ley Org. 2/1986 FCCSS). Ver preámbulo del punto 7.

Sección 2.

Los siguientes apartados se presentan por su actualidad y la problemática social que les acompaña, y por ende, la presión que se traslada desde distintos ámbitos sociales e institucionales a las actuaciones policiales.

➢ **7. Hechos delictivos en el ámbito doméstico.**

Un artículo en concreto de la LECrim desgrana un conjunto de personas que se utilizan como referencia en el mismo texto y en otras leyes (art. 173.2 LECrim). En dicho conjunto de personas el autor discrimina tres grupos, los que sean o hayan sido cónyuges o "...análoga relación de afectividad aun sin convivencia…", luego están los descendientes y ascendientes que por definición incluyen padres, abuelos, hijos y nietos, a los que se incluyen los hermanos y otras personas que están integradas en el núcleo de convivencia familiar, y por último las personas especialmente vulnerables y/o tuteladas aunque estén bajo custodia en centros públicos o privados.

El primer grupo, y en concreto la violencia del hombre hacia la mujer, es el que mayor incidencia actual tiene, Ley Orgánica 1/2004 de 28 de diciembre de Medidas de Protección Integral contra la Violencia de Género, Ley 27/2003 de 31 de julio reguladora de la Orden de protección de las víctimas de la violencia doméstica, Protocolo de actuación de las FFCCSS y de coordinación con los Órganos Judiciales para la protección de las víctimas de violencia doméstica y de género, Instrucción SES 1/2025 sobre la valoración policial de riesgo, y la Instrucción 5/2021 Protocolo 0.

Se ha señalado más arriba que, en ciertos delitos, los artículos del Código Penal matizan para el mismo delito diferentes tipos de víctimas con las penas correspondientes (2.2). De esta manera, cuando la víctima es la esposa, o mujer o análoga relación, se dice que el delito pertenece o sucede en el ámbito de la violencia de género, y cuando los delitos se cometen entre el resto de personas del art.173.2 CP los delitos pertenecen o suceden en el ámbito de la violencia doméstica. Hay que puntualizar que estas definiciones señalan el tipo de víctima (2.2) pero no el tipo de delito, que por lo común suelen ser delitos leves de, lesiones, coacciones, acoso, y amenazas, los cuales conllevan pena prisión < 1 año, mientras que las injurias o vejaciones leves no conllevan prisión y requieren la denuncia por parte del agraviado o del representante legal (art.173.4 CP; esquema 2; 5.4).

Las particularidades delictivas del ámbito doméstico son dos. Una es que hay riesgo de reincidencia, aunque no siempre inmediato, y riesgo de la comisión de otro tipo de delitos, sean inmediatos o no (5.3; esquemas 1 y 2; 6). Y la otra particularidad es que la repetición de cualquiera de los delitos anteriores, o de la unión de diferentes delitos con la misma víctima cumple con la definición de habitualidad (art.173.3 CP) integrando el delito de malos tratos habituales en el ámbito familiar (2º párrafo de 2.2), cuya pena privativa de libertad es < 3 años (comparar esquemas 1 y 2).

➢ **7.1. Delitos comunes en el ámbito de la violencia de género y sobre persona especialmente vulnerable.**

Cuando la víctima es la mujer, esposa o que tenga análoga relación, con o sin convivencia, aparece en los siguientes delitos:

- lesiones leves (art. 153.1 CP), "El que…causare a otro menoscabo psíquico o una lesión de menor gravedad de las previstas en el apartado 2 del artículo 147, o golpeare o maltratare de obra a otro sin causarle lesión, cuando la ofendida sea o haya sido esposa, o …relación de afectividad aun sin convivencia, o persona especialmente vulnerable que conviva con el autor…"

- amenazas leves (art.171.4 CP), sobre la mujer y persona especialmente vulnerable conviviente.

- coacciones leves (art.172.2 CP) sobre la mujer y persona especialmente vulnerable conviviente.

- acoso (172.ter.2 CP), están incluidas todas las personas del art. 173.2 CP, "...acose a una persona...de forma insistente y reiterada,...y de esta forma, altere el normal desarrollo de su vida cotidiana."

- malos tratos habituales en ámbito familiar (art. 173.2 CP) requiere la habitualidad descrita en el art. 173.3 CP

- injuria o vejación injusta carácter leve, requiere denuncia y no contempla prisión (art. 173.4 CP) sobre personas del art.173.2 CP

➤ **7.2.** Delitos comunes en el ámbito de la violencia doméstica.

Cuando la víctima es alguna de las personas descritas en el art. 173.2 del CP (ver 7), estas se especifican en los siguientes delitos:

- lesiones leves (art. 153.2 CP), "Si la víctima del delito previsto en el apartado anterior fuere alguna de las personas a que se refiere el artículo 173.2, exceptuadas las personas contempladas en el apartado anterior de este artículo..."

- amenazas leves con armas o instrumentos peligrosos (art. 171.5 CP) "idem"

- coacciones leves, no es exigible denuncia pero no contempla prisión (art.172.3 CP) "Cuando el ofendido fuere alguna de las personas a las que se refiere el apartado 2 del artículo 173, la pena será la de localización permanente de cinco a treinta días..."

- acoso (172.ter.2 CP), sobre personas del art. 173.2 CP

- malos tratos habituales en ámbito familiar (art. 173.2 CP), requiere la habitualidad descrita en el art. 173.3 CP

- injuria o vejación injusta carácter leve sobre personas del art.173.2 CP requiere denuncia y no contempla prisión (art. 173.4 CP).

➢ 8. La detención de menores de edad.

➢ 8.1. Responsabilidad penal y civil.

El Código Penal manifiesta que los menores de 18 años no son responsables respecto al mismo (art. 19 CP), lo son respecto a la Ley Orgánica 5/2000 reguladora de la responsabilidad penal de los menores. En concreto sobre los > 14 y < 18 años dice que "Esta Ley se aplicará para exigir la responsabilidad de las personas mayores de catorce años y menores de dieciocho por la comisión de hechos tipificados como delitos o faltas en el Código Penal o las leyes penales especiales" (art. 1 Ley Org. 5/2000). Respecto a los < 14 años, manifiesta que "Cuando el autor de los hechos mencionados en los artículos anteriores sea menor de catorce años, no se le exigirá responsabilidad con arreglo a la presente Ley, sino que se le aplicará lo dispuesto en las normas sobre protección de menores previstas en el Código Civil y demás disposiciones vigentes" (art. 3 Ley Org. 5/2000).

Situando a las víctimas "El Ministerio Fiscal y el Juez de Menores velarán en todo momento por la protección de los derechos de las víctimas y de las personas perjudicadas por las infracciones cometidas por las personas menores de edad." (art. 4 Ley Org. 5/2000), "...responderán solidariamente con él de los daños y perjuicios causados sus padres, tutores, acogedores y guardadores legales o de hecho, por este orden..." (art. 61.3 Ley Org. 5/2000) y "En su caso, se aplicará ...el artículo 145 Ley 30/1992 de 26 de noviembre, del Régimen Jurídico de las Administraciones Públicas y del Procedimiento Administrativo Común, y en la Ley 35/1995, de 11 de diciembre, de ayudas y asistencia a las víctimas de delitos violentos y contra la libertad sexual..." (art. 61.4 Ley Org. 5/2000).

➢ 8.2. La instrucción.

La instrucción de las diligencias "Corresponde al Ministerio Fiscal la instrucción de los procedimientos por los hechos a los que se refiere el artículo 1 de esta Ley." así "Quienes tuvieren noticia de algún hecho de los indicados en el apartado anterior, presuntamente cometido por un menor de dieciocho años, deberán ponerlo en conocimiento del Ministerio Fiscal…" (arts. 16.1 y 16.2 Ley Org. 5/2000 reguladora de la responsabilidad penal de los menores) cuyas actuaciones, del Ministerio Fiscal, se han desglosado en el art. 10.2.a).5 de la Instrucción 10/2025 SES del "Procedimiento Integral de la detención policial", la primera de ellas dice que corresponde al Ministerio Fiscal "Dirigir personalmente la investigación…". Respecto al habeas corpus de los menores se detalla en 10.

➤ **8.3.** La detención.

Los menores de edad "…podrán ser detenidas de oficio en los mismos casos y circunstancias que los previstos en las leyes para los mayores de edad penal, siempre que no resulten eficaces otras posibles soluciones y sea necesario para la protección del propio menor, la averiguación de los hechos, el aseguramiento de las pruebas o la protección de las víctimas." (art. 10.2.d).1 Instrucción 10/2025 SES del "Procedimiento Integral de la detención policial"). La policía "…deberán notificar inmediatamente el hecho de la detención y el lugar de la custodia a los representantes legales del menor y al Ministerio Fiscal." (art. 17.1 Ley Org. 5/2000) cometido recogido por la SES "…corresponde al Ministerio Fiscal: Recibir comunicación de forma inmediata de la detención y del lugar de custodia." y "Disponer y recibir a las personas menores infractoras detenidas, en unión de todo lo policialmente actuado." (art.10.2.a).5 Instrucción nº 10/2025 SES).

Cuando se trata de un menor < 14 años "…la actuación policial se ceñirá con ellos, estrictamente, a minimizar los efectos de su acción y a su protección específica, con atención a las siguientes indicaciones:" (art. 10.2.b).3 Instrucción 10/2025 SES), dos de estas indicaciones son, "Entrega de la persona menor a quienes ejerzan la patria potestad, la tutela…" y a la par darán "Participación al Ministerio Fiscal de los hechos y circunstancias conocidas, con confección y remisión de las correspondientes actuaciones." (art. 10.2.b).3 Instrucción 10/2025 SES del "Procedimiento Integral de la detención policial").

Añadiendo dos incisos importantes, que "...en todo caso, dentro del plazo máximo de veinticuatro horas, el menor detenido deberá ser puesto en libertad o a disposición del Ministerio Fiscal (art. 17.4 Ley Org. 5/2000), y que "Toda declaración del detenido, se llevará a cabo en presencia de su letrado y de aquéllos que ejerzan la patria potestad...En defecto de estos últimos la declaración se llevará a cabo en presencia del Ministerio Fiscal..." (art. 17.2 Ley Org. 5/2000). La situación de habeas corpus se desarrolla en 10.

➤ **8.4.** Situación de desamparo.

Sobre la protección general de los menores de edad, "Se considera como situación de desamparo la que se produce de hecho a causa del incumplimiento o del imposible o inadecuado ejercicio de los deberes de protección establecidos por las leyes para la guarda de los menores, cuando éstos queden privados de la necesaria asistencia moral o material" (2° párrafo del art.172.1 Código Civil). Se pormenoriza más esta definición en la Ley Orgánica 1/1996, de 15 de enero, de Protección Jurídica del Menor (arts. 18.1 y 18.2 Ley Org. 1/1996). En los casos de desamparo está establecido que, "Cuando la Entidad Pública a la que, en el respectivo territorio, esté encomendada la protección de los menores constate que un menor se encuentra en situación de desamparo, tiene por ministerio de la ley la tutela del mismo y deberá adoptar las medidas de protección necesarias para su guarda, poniéndolo en conocimiento del Ministerio Fiscal..." (1er párrafo art.172.1 CC).

➢ 9. Allanamiento de morada y usurpación de bienes inmuebles. El desalojo.

La Instrucción nº 6/2020 SES establece el protocolo de actuación de las FFCCSS ante la ocupación ilegal de inmuebles. En ella se declara que "Los miembros de las FCSE deben ser conocedores de los diferentes escenarios…" y "con carácter general se deben tener en cuenta que estas actuaciones pueden encontrarse bajo el ámbito del derecho penal o del derecho administrativo" (punto IV Instrucción nº 6/2020 SES). Las aclaraciones que pretenden desligar el proceso civil del penal se presentan en 9.1, analizando en 9.2 la definición jurídica de morada porque en palabras de SES "…el CP no define específicamente el concepto de morada, lo que obliga a delimitarlo con la Jurisprudencia y la doctrina…" (2º párrafo, punto 4.1, Instrucción nº 6/2020 SES) y porque el delito de allanamiento de morada se basa precisamente en este concepto (art. 202 CP). Otros conceptos a desligar (preámbulo) son los delitos flagrantes de los delitos de carácter permanente (9.3), porque los primeros habilitan el desalojo policial en el delito de allanamiento de morada (9.4), mientras que los segundos no lo hacen. Por demás, la instrucción nº 6/2020 SES especifica las actuaciones policiales necesarias para acometer este tipo de delitos, así como las diligencias que deben formar parte del atestado (9.4), estas últimas con la pretensión de que tengan un uso práctico se esquematizan en 3.

➢ 9.1. Aclaración entre el proceso penal y el proceso civil.

Se enfoca la instrucción nº 6/2020 SES en el ámbito penal "…se atenderá a lo dispuesto en la Instrucción nº 1/2020 de FGE de 15 de septiembre, sobre criterios de actuación para la solicitud de medidas cautelares en los delitos de allanamiento de morada y usurpación de bienes inmuebles…" (3er párrafo, Punto I, Instrucción nº 6/2020 SES), delitos tipificados respectivamente en los arts. 202, 203 y 245 del CP, que se basan en el concepto de morada y en que la persona denunciada no habita en la vivienda, lo que implica que no existe ningún tipo de contrato o autorización previo entre el denunciante y el denunciado, a tenor de la definición de morada (9.2).

Respecto a los casos en lo que sí existe una autorización previa para residir en la vivienda, la legalidad del mismo no depende del formato de la autorización, según dictamina el Código Civil "Los contratos serán obligatorios, cualquiera que sea la forma en que se hayan celebrado, siempre que en ellos concurran las condiciones esenciales para su validez." (art. 1278 CC), si no que dependen de tres requisitos "No hay contrato sino cuando concurren los requisitos siguientes: 1º. Consentimiento de los contratantes. 2º. Objeto cierto que sea materia del contrato. 3º. Causa de la obligación que se establezca" (art. 1261 CC). Una vez cumplidos estos requisitos "Las obligaciones que nacen de los contratos tienen fuerza de ley…" (art. 1091 CC). En este punto, frente al incumplimiento de las obligaciones adquiridas son tanto el Código Civil como la LEC los que legitiman al perjudicado para dar inicio a un proceso civil "La facultad de resolver las obligaciones se entiende …, para el caso de que uno de los obligados no cumpliere lo que le incumbe. El perjudicado podrá escoger entre…" (art.1124 CC), y "Serán considerados partes legítimas quienes comparezcan y actúen en juicio como titulares de la relación jurídica u objeto litigioso." (art. 10 LEC).

Sirvan como ejemplo más común las < inquiokupaciones >, denominadas así porque aunque el inquilino deja de pagar lo establecido sigue ocupando la vivienda, las cuales se encuadran en un proceso civil por la existencia del contrato previo. Cabe señalar un caso común en las actuaciones policiales, cuando los progenitores quieren desahuciar a un hijo, hecho que se encuadra también en un proceso civil porque aunque existe una legitimidad en el uso de la vivienda no es el titular de la misma (conceptos jurídicos). El procedimiento general tanto para personas en precario como para los < inquiokupas > se denomina desahucio en precario, aunque en 2018 se creó un proceso especial de desahucio express para los < inquiokupas > (conceptos jurídicos).

➤ **9.2.** Morada y segunda vivienda.

La STS nº 852/2014 de 11 de diciembre y en la misma forma la STS nº 731/2013 de 7 de octubre y la ATS nº 959/2009 de 16 de abril, declaran sobre el concepto de morada que "no es relevante que el lugar constituyera su primera o segunda vivienda, sino si, cuando se encontraba en el lugar, aunque fuera ocasionalmente, utilizaba la vivienda con arreglo a su naturaleza, es decir, como un espacio en el que desarrollaba aspectos de su privacidad." (5° y 6° párrafos, punto 4.1, Instrucción n° 6/2020 SES). Concluyen en la misma línea las STC n° 10/2002, de 17 de enero, y STC n° 189/2004 de 2 de noviembre, que «tampoco la falta de habitualidad en el uso o disfrute impide en todo caso la calificación del espacio como domicilio" (1er párrafo pág. 8, Instrucción n° 1/2020 FGE). Y en aplicación de esta genérica doctrina, "hemos entendido en concreto que una vivienda es domicilio aun cuando en el momento del registro no esté habitada (STC 94/1999 de 31 de mayo) [...], resultando irrelevante su ubicación, su configuración física, su carácter mueble o inmueble, la existencia o tipo de título jurídico que habilite su uso, o, finalmente, la intensidad y periodicidad con la que se desarrolle la vida privada en el mismo" (2° párrafo pág. 8, punto 2, Instrucción n° 1/2020 FGE).

De forma que la segunda vivienda está reconocida intrínsecamente como morada, cuando ese es su uso. Así se recogen en los diccionarios jurídicos, como "un espacio cerrado y separado del mundo exterior en el que se desarrolla la vida privada, destinado a pernoctar y en uso actual, aunque no necesariamente permanente." y "es el espacio en el que el individuo vive sin hallarse sujeto necesariamente a los usos y convenciones sociales, ejerciendo su libertad más íntima" (DPEJ y conceptos jurídicos, respectivamente).

➤ **9.3.** Aclaraciones sobre el delito de carácter permanente y el delito flagrante.

Se define el delito permanente como el "Tipo de delito en el que se crea...una situación antijurídica duradera (de lesión o peligro para el bien jurídico) que se mantiene o puede cesar por la conducta voluntaria del autor, como en las detenciones ilegales, el allanamiento de morada activo o pasivo o la tenencia de armas y explosivos..." (DPEJ). Mantiene la SES que "Tratándose el allanamiento de un delito de carácter permanente, la concurrencia de flagrancia como elemento para la perfección del delito no debe vincularse a la superación o no de plazo temporal alguno. En este sentido, de conformidad con lo apuntado en el apartado 4.1..." (punto 4.2.1.1 Instrucción nº 6/2020 SES).

Se ha tratado más arriba el delito flagrante (5.1), el cual requiere tres factores, ser descubierto en el momento de ir a cometerlo, o en el momento de la comisión o inmediatamente posterior, denominado inmediatez de la acción, con la presencia del delincuente denominado inmediatez personal, y necesidad urgente de intervención policial (punto 4.1 final pág. 10 Instrucción nº 6/2020 SES). A este respecto se ilustran varios ejemplos (punto 4.2.1.1 de la Instrucción nº 6/2020 SES).

Puestos en contraposición, el delito de carácter permanente se mantiene en el tiempo después de su inicio, y si su descubrimiento no cumple los requisitos del delito flagrante no puede considerarse como tal. Añade la STS 399/18 de 12 de septiembre, la siguiente distinción "Si fuese preciso elaborar un proceso deductivo más o menos complejo para establecer la realidad del delito y la participación en él del delincuente no puede considerarse un supuesto de flagrancia." (punto 4.1, 1er párrafo pág. 11, Instrucción nº 6/2020 SES).

➢ **9.4.** El desalojo policial. Actuaciones y diligencias policiales.

Sobre el desalojo se pronuncia la Instrucción nº 6/2020 SES, "Para posibilitar el desalojo de los ocupantes por propia autoridad de los agentes, resulta fundamental acreditar la existencia de flagrancia delictiva." (4.2.1.1 Instrucción nº 6/2020 SES; 5.1 y 9.2), recalcando sobre la detención in fraganti que "...valorar la concurrencia de los elementos de la flagrancia señalados..." (4.2.1.2, Instr. nº 6/2020 SES). Se reafirma la SES que cuando el inmueble no constituye morada "En caso de delito flagrante se actuaría de igual forma que se ha especificado en el punto anterior." (punto 4.2.2 Instrucción nº 6/2020 SES). Se señala que en los delitos flagrantes la detención es una obligación por parte policial, tema tratado en 5.1.

En sus conclusiones la FGE dice que cuando "...la denuncia inicial se formule en sede policial, se procurará que el atestado incluya..." más abajo se enumeran las actuaciones policiales. A lo que añade que "Se recordará a las FFCCSS de conformidad con...los arts. 284.1 y 295.1 LECrim, la necesidad de remitir al Ministerio Fiscal copia de los atestados..." (1er y último párrafos, pág. 21, punto 4, Instrucción nº 1/2020 FGE). Lo que transmite la Instrucción nº 6/2020 SES "...se atenderá a lo dispuesto en la Instrucción 1/2020 de la FGE, de 15 de septiembre, sobre criterios de actuación para la solicitud de medidas cautelares en los delitos de allanamiento de morada y usurpación de bienes inmuebles, así como en su caso las órdenes emanadas de las autoridades judiciales o fiscales." (3er párrafo, punto I, Instrucción nº 6/2020 SES).

Esquema 3.

Se concretan y agrupan las actuaciones policiales (págs. 13-14, punto 4.2.1 de la Instrucción nº 6/2020 SES):

- En el lugar:

  - identificación del inmueble, de los ocupantes y si hay menores, y de los testigos

  - verificar la existencia o no de autorización para el acceso al inmueble (contrato, autorización, etc.),

  - inspección ocular

  - circunstancias espacio-temporales en las que se haya producido la ocupación del inmueble,

- Con el propietario:

  - identificación del propietario y comprobar que no ha dado autorización

  - pruebas de la titularidad, a ser posible certificación registral, nota simple, o documento que habilite su disfrute

  - verificar que el propietario desea interponer denuncia y solicitar el desalojo, informando a los ocupantes.

- Anexos.
  - dejar constancia expresa de la solicitud de la medida cautelar de desalojo
  - eventual estructura organizativa y la finalidad perseguida con la ocupación
  - cualesquiera otras variables relevantes
  - la calificación jurídica inicial.

El lector puede ver los contenidos mínimos de la denuncia del perjudicado (punto 4.3, Instrucción nº 6/2020 SES).

En referencia al delito leve de usurpación pacífica de bienes inmuebles (art. 245.2 CP), indica la instrucción que también es viable la solicitud por parte del titular de la medida cautelar de desalojo (último párrafo, pág. 16, punto 3.3 Instrucción nº 1/2020 FGE), y por ende las actuaciones policiales del esquema 3.

Con estas actuaciones policiales la FGE pretende "ofrecer a las/los Sras./Sres. Fiscales la recopilación y análisis de las herramientas legales…facilitando el ejercicio de nuestra función en defensa de la legalidad y los derechos y legítimos intereses de las víctimas…" (2º párrafo, pág. 5, punto 1, Instrucción nº 1/2020 FGE). Ya que como dice el Tribunal Europeo de Derechos Humanos, en su sentencia de fecha 13 de diciembre de 2018 -asunto Casa di Cura Valle Fiorita SRL contra Italia-, "…la demora prolongada de las autoridades públicas en la ejecución del desalojo…-aun en aquellos casos en los que obedezca a la necesidad de planificar y garantizar la asistencia social a las personas en situación de vulnerabilidad-, vulnera el derecho del poseedor legítimo a un proceso equitativo del art. 6.1 CEDH, así como, en su caso, el derecho de propiedad proclamado en el art. 1 del Protocolo núm. 1 CEDH." (2º párrafo, pág. 3, punto 1, Instrucci nº 1/2020 SES).

➢ **9.5.** Modificación en la LECrim sobre los juicios rápidos.

El artículo Quince de la Ley Orgánica 1/2025 de 2 de enero implementa una modificación en el art. 795.1.2ª LECrim, que es una lista de delitos sobre los que se aplica el procedimiento de enjuiciamiento rápido (2.1.a)), en la que se incluyen los siguientes delitos, señalando que este procedimiento está dirigido a la policía judicial en sentido genérico (2.1.c)):

- i) Delitos de allanamiento de morada del artículo 202 del Código Penal.

- j) Delitos de usurpación del artículo 245 del Código Penal.

➢ **10. Habeas corpus.**

Expone la CE que "La ley regulará un procedimiento de «habeas corpus» para producir la inmediata puesta a disposición judicial de toda persona detenida ilegalmente." (art. 17.4 CE). Esta es la Ley Orgánica 6/1984 reguladora del procedimiento de Habeas Corpus cuyo objetivo es "...la inmediata puesta a disposición de la Autoridad judicial competente, de cualquier persona detenida ilegalmente..." (artículo primero, Ley Org. 6/1984 RPHC).

- Se considera que una persona está detenida ilegalmente en los siguientes casos (artículo primero, Ley Org. 6/1984 RPHC):

  - sin que concurran los supuestos legales (arts. 490, 491 y 492 Lecrim; 5.1 y 5.3; esquemas 1 y 2)

  - las que estén ilícitamente internadas en cualquier establecimiento o lugar.

  - las que lo estuvieran por plazo superior al señalado en las leyes (punto 4), si transcurrido el mismo, no fuesen puestas en libertad o entregadas al Juez más próximo al lugar de la detención (art. 520 LECrim; 2º párrafo de 1.4).

  - cuando no sean respetados los derechos del detenido (art.520.2 LECrim; 1.4).

- Las personas que pueden instar la solicitud del procedimiento de Habeas Corpus son (artículo tercero, Ley Org. 6/1984 RPHC):

  - El privado de libertad, su cónyuge o persona unida por análoga relación de afectividad, descendientes, ascendientes, hermanos y, en su caso, respecto a los menores y personas incapacitadas, sus representantes legales.

  - El Ministerio Fiscal.

  - El Defensor del Pueblo.

El agente o autoridad o funcionario público, "...estarán obligados a poner inmediatamente en conocimiento del Juez competente la solicitud de «Habeas Corpus» (artículo quinto Ley Org. 6/1984 LPHC), ya que "el juez examinará la concurrencia de los requisitos ...acordará la incoación del procedimiento, o, en su caso, denegará la solicitud ..." (artículo sexto Ley Org. 6/1984 LPHC).

- En la diligencia de habeas corpus debe constar (art. cuarto Ley Org. 6/1984 LPHC):

    - el nombre y circunstancias personales del solicitante y de la persona para la que se solicita el amparo judicial.

    - el lugar en que se halle el privado de libertad, autoridad o persona, bajo cuya custodia se encuentre, y todas aquellas circunstancias que pudieran resultar relevantes.

    - el motivo concreto por el que se solicita el «Habeas Corpus».

En referencia a los menores de edad el Juez competente para el procedimiento de hábeas corpus será el Juez de Instrucción y cuando el procedimiento de hábeas corpus sea instado por el propio menor, la fuerza pública responsable de la detención lo notificará también inmediatamente al Ministerio Fiscal (art. 17.6 Ley Org. 5/2000 reguladora de la responsabilidad penal de los menores; ver 8.3).

➤ 11. Seguridad ciudadana.

La Ley Orgánica 4/2015 de 30 de marzo de protección de la seguridad ciudadana dice que "La seguridad ciudadana es un requisito indispensable para el pleno ejercicio de los derechos fundamentales y las libertades públicas…" (art. 1 Ley Org. 4/2015 SC), derechos que la CE declara para sus ciudadanos (arts. 10.1, 10.2, 15, 16.1, 16.2, 17.1, 18.1, 18.2, 19 y 20.1.a) CE). Y como se ha escrito al inicio (1.1) "…las FFCCSS tendrán como misión proteger el libre ejercicio de los derechos y libertades y garantizar la seguridad ciudadana." (art. 104.1 CE). Este es el otro principio básico de las actuaciones policiales (1.3). Por ley se jerarquizan las competencias "Corresponde al Gobierno, a través del Ministerio del Interior y de los demás órganos y autoridades competentes y de las Fuerzas y Cuerpos de Seguridad a sus órdenes, la preparación, dirección y ejecución de la política en relación con la administración general de la seguridad ciudadana…" (art. 5.1 Ley Org.4/2015 SC), "Las autoridades podrán…disponer las actuaciones policiales estrictamente necesarias para asegurar la consecución de los fines previstos en esta ley…" (Capítulo III sobre "Actuaciones para el mantenimiento y restablecimiento de la seguridad ciudadana", art. 14, Ley Org. 4/2015 de protección seguridad ciudadana).

➤ 11.1. Cometidos de las FFCCSS.

La ley 4/2015 SC habilita la actuación directa de las FFCCSS para ciertos cometidos y con ciertos requisitos. Uno de estos cometidos es la identificación de personas, "En el cumplimiento de sus funciones de indagación y prevención delictiva, así como para la sanción de infracciones penales y administrativas, de la comisión de una infracción" (art. 16.1 Ley Org. 4/2015 SC). Otro cometido es la restricción del tránsito de personas en los "…supuestos de alteración de la seguridad ciudadana o de la pacífica convivencia, o cuando existan indicios racionales de que pueda producirse dicha alteración…" (art. 17.1 Ley Org. 4/2015 SC). Otros cometidos son las comprobaciones y registros en lugares públicos "…para impedir que en las vías, lugares y establecimientos públicos se porten o utilicen ilegalmente armas, …u otros instrumentos que generen un riesgo potencialmente grave ...susceptibles de...comisión de un delito o alterar la seguridad ciudadana..." (art. 18.1 Ley Org. 4/2015 de SC) en concordancia con los cometidos de prevención de delitos y mantenimiento de la seguridad (artículos once 1.e) y 1.f) Ley Org. 2/1986 de FFCCSS).

Se complementan estos cometidos con el registro personal, "Podrá practicarse el registro corporal externo y superficial de la persona...para el hallazgo de...objetos relevantes...para el ejercicio de las funciones de indagación y prevención..." (art. 20.1 Ley Org. 4/2015 de SC), en concordancia con la prevención e indagación de delitos (artículos once 1.f) y 1.g) Ley Org. 2/1986 de FFCCSS). Teniendo en cuenta que el registro "...cause el menor perjuicio a la intimidad y dignidad de la persona afectada..." (art. 20.3 Ley Org. 4/2015 SC), y que bajo estas previsiones los registros previsiones personales "...podrán llevarse a cabo contra la voluntad del afectado, adoptando las medidas de compulsión indispensables, conforme a los principios de idoneidad, necesidad y proporcionalidad." (art. 20.4 Ley Org. 4/2015 de SC).

Se apunta que las diligencias de identificación no estarán sujetas a las mismas formalidades que la detención (art. 19.1 Ley Org. 4/2015 SC; véase artículo Segundo de Fundamentos de derechos de la STS 27 septiembre de 1996 o STS 15 de abril 1993). Mientras que "...la aprehensión durante las diligencias de identificación,...se hará constar en el acta correspondiente,...habrá de ser firmada por el interesado; si éste se negara a firmarla, se dejará constancia..." (art. 19.2 Ley Org. 4/2015 SC).

➤ **11.2.** Reuniones y manifestaciones.

Se define reunión como "...la concurrencia concertada y temporal de más de 20 personas, con finalidad determinada." (artículo primero.2, Ley Org. 9/1983 reguladora del derecho de reunión). Y se establece que "Ninguna reunión estará sometida al régimen de previa autorización." (artículo tercero.1 Ley Orgánica 9/1983 reguladora del derecho de reunión), además de confirmar las reuniones que no están sujetas a las prescripciones de la ley, que son las más comunes "Las que celebren las personas físicas en sus propios domicilios y "Las que celebren las personas físicas en locales públicos o privados por razones familiares o de amistad." (artículo segundo, aptos. a) y b) Ley Orgánica 9/1983 reguladora del derecho de reunión).

Según la ley Orgánica 4/2015 SC sobre "Mantenimiento y restablecimiento de la seguridad ciudadana en reuniones y manifestaciones" (Sección 2ª Capítulo III Ley 4/2015 SC), "Las autoridades...adoptarán las medidas necesarias para proteger la celebración de reuniones.." y "Asimismo podrán acordar la disolución de reuniones en lugares de tránsito público y manifestaciones en los supuestos previstos en el artículo 5 Ley Orgánica 9/1983, de 15 de julio, reguladora del derecho de reunión..." (art. 23.1 Ley Org. 4/2015 SC). Dos de los supuestos requeridos es la ley reguladora de reuniones son, cuando se produzcan alteraciones del orden público con peligro para personas o bienes, y cuando se hiciere uso de uniformes paramilitares (artículo quinto, aptos. b) y c) Ley Orgánica 9/1983 reguladora del derecho de reunión).

Estas autoridades son, resumiendo, el Ministro del Interior, el Secretario de Estado de Seguridad, los Delegados y Subdelegados del Gobierno (art. 5.2 Ley Org. 4/2015 SC). Las autoridades podrán "En particular, podrán prohibir y, en caso de estar celebrándose, suspender los espectáculos...cuando exista un peligro cierto...graves alteraciones..." (art. 27.2 Ley Org. 4/2015 SC). Además "También podrán disolver las concentraciones de vehículos en las vías públicas y retirar aquéllos o cualesquiera otra clase de obstáculos cuando impidieran, pusieran en peligro o dificultaran la circulación por dichas vías." (último párrafo art. 23.1 Ley Org. 4/2015 de SC).

Respeto a la ejecución "Las medidas de intervención para el mantenimiento o el restablecimiento de la seguridad ciudadana en reuniones y manifestaciones serán graduales y proporcionadas a las circunstancias" mientras que "La disolución de reuniones y manifestaciones constituirá el último recurso." (art. 23.3 Ley Org. 4/2015 SC).

Análogamente la Ley 4/2015 SC establece un conjunto de infracciones relativas a reuniones, aunque en estos casos todas ellas atañen a la responsabilidad individual de los autores:

- Infracciones muy graves, arts. 35.1 y 35.3 Ley 4/2015 SC.

  - Las reuniones o manifestaciones no comunicadas o prohibidas en infraestructuras…servicios básicos…o en sus inmediaciones, así como la intrusión en los recintos…cuando…se haya generado un riesgo para la vida o la integridad física….

  - La celebración de espectáculos públicos…quebrantando la prohibición.

- Infracciones graves, arts. 36.1, 36.3, 36.7, 36.8 y 36.9 Ley 4/2015 SC.

  - La perturbación de la seguridad ciudadana en actos públicos, espectáculos deportivos…cuando no constituya infracción penal Causar desórdenes en las vías, espacios o establecimientos públicos, u obstaculizar la vía pública…ocasione una alteración grave de la seguridad ciudadana.

  - La negativa a la disolución de reuniones y manifestaciones en lugares de tránsito… público ordenada por la autoridad competente

  - La perturbación del desarrollo de una reunión o manifestación lícita…cuando no constituya infracción penal.

  - La intrusión en infraestructuras o instalaciones en las que se prestan servicios básicos…cuando se haya producido una interferencia grave en su funcionamiento.

- Infracción leve, art. 37.1 Ley 4/2015 SC.

  - La celebración de reuniones en lugares de tránsito público o de manifestaciones, incumpliendo lo preceptuado en los artículos 4.2, 8, 9, 10 y 11 de la Ley Orgánica 9/1983 de 15 de julio, reguladora del derecho de reunión.

Respecto al Código Penal tipifica una serie de delitos sobre desórdenes públicos (arts. 557-562 CP), bajo las siguientes condiciones "...actuando en grupo y con el fin de atentar contra la paz pública, ejecuten actos de violencia o intimidación..." y "Sobre las personas o las cosas; u obstaculizando las vías públicas ocasionando un peligro para la vida o salud de las personas; o invadiendo instalaciones o edificios alterando gravemente el funcionamiento efectivo de servicios esenciales en esos lugares." (art. 557.1 CP).

Emulando las palabras de un gran compañero:

"Al final uno actúa como le han enseñado, como le nace, como lo ha vivido, como cree que es, como surge, como lo ha visto hacer, como le han contado, como le parece que debe ser, como...".

Buen servicio.

El autor intenta acercar estos dos mundos, el abstracto de las leyes con el rigor que les pertenece y la actuación propia de los agentes, natural e imperfecta.

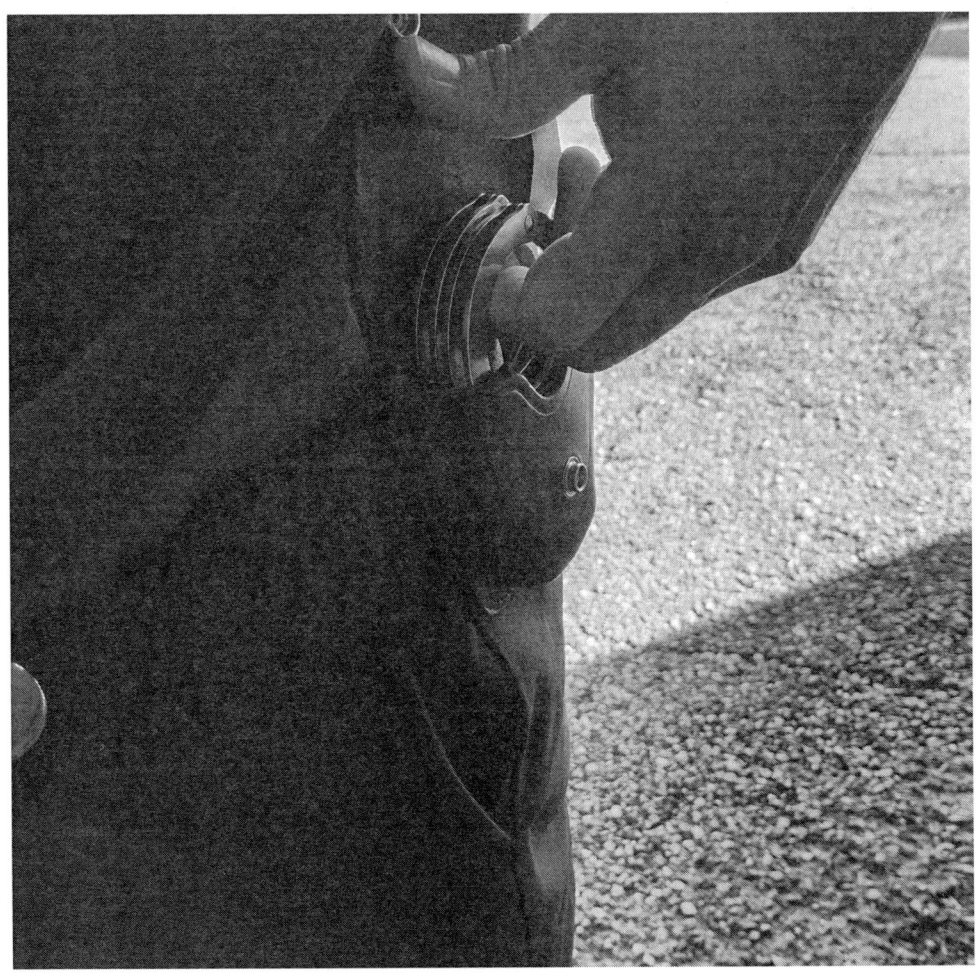